游学看美国

跟随中美青年大使
体悟美国中学生活

朱小棣 任兴华 编著

山东教育出版社

图书在版编目(CIP)数据

游学看美国——跟随中美青年大使体悟美国中学生活/朱小棣，任兴华编著. —济南：山东教育出版社，2016

ISBN 978－7－5328－9478－9

Ⅰ.①游…　Ⅱ.①朱…　②任…　Ⅲ.①中学生—学生生活—介绍—美国　Ⅳ.①G635.5

中国版本图书馆 CIP 数据核字(2016)第 144709 号

游学看美国

——跟随中美青年大使体悟美国中学生活

朱小棣　任兴华　编著

主　管：山东出版传媒股份有限公司
出版者：山东教育出版社
（济南市纬一路 321 号　邮编：250001）
电　话：(0531)82092664　**传真**：(0531)82092625
网　址：www.sjs.com.cn
发行者：山东新华书店集团有限公司
印　刷：山东新华印务有限责任公司
版　次：2016 年 6 月第 1 版第 1 次印刷
规　格：710mm×1000mm　16 开本
印　张：13 印张
字　数：195 千字
书　号：ISBN 978－7－5328－9478－9
定　价：32.00 元

（如印装质量有问题，请与印刷厂联系调换）
印厂电话：0531－82079130

序言

朱小蔓

朱小棣、任兴华编著的《游学看美国——跟随中美青年大使体悟美国中学生活》近期将由山东教育出版社出版上市。因朱小棣是我的胞弟，责编诚邀我作序，并寄来书稿供我提前阅读。我愿意分享作为一个教育学者、一个教育科研工作者的一己心得和读后感，并从教育立人的角度和眼光，畅想一下这部书可以达到的目的和极有可能实现的效果。

朱小棣目前供职于美国安生文教交流基金会，"中美青年大使"活动是该组织发起的一个长期项目，得到了中美两国最高领导人的支持与鼓励，曾惠及山东省实验中学等全国各地数十所重点中学。该校去年赴美游学的学子们，更是在率队教师之一的任兴华老师的鞭策鼓励下，一一写下了详实的游学手记。任老师本人也写出了好几万字的访学心得，以及对每一位学生平时为人和出游表现两相对照的介绍与点评。朱小棣更是融合自己多年来的教育与文化跨国交流和比较的心得，逐一在每位学生作文后面写下了感言，记录了思绪。

胞弟去美国留学生活已近乎三十载，毕业于麻省理工学院，又在哈佛大学工作过整整十五年之久，并作为两个孩子的家长亲历了美国基础教育的全过程。如今他的大儿子已从哈佛大学本科毕业，就读于布朗大学医学院，二儿子刚刚进入波士顿学院念本科。他对中美教育的异同比较，以及作为双语作家在海内外出版过多部书籍的丰富经验，愈加添增了这本游学手记的趣味性、可读性。

中国文化一贯提倡读万卷书、行万里路。北宋时期江苏如皋籍大教育家胡瑗(993—1059，世称安定先生)即倡导"游学"，反对死记硬背、无商讨、乏趣味的教学。留美归国的中国现代教育先驱陶行知先生倡行"生活教育"，主张"教学做合一"，他支持的新安旅行团(1935—1952)，曾经旅行全国，历时18年、行程5万里、足迹遍布全国22个省市，不仅是宣传抗战的"奇旅"，也是中外青少年儿童史、中国当代教育史上课堂外游学的"奇旅"。我作为中国陶行知研究会会长，看到包括山东省实验中学在内的同学们秉承中国传统教育文化精髓，践行陶行知先生教育思想，走出国门远涉重洋，收获累累精神果实，心中自然十分欣慰，满怀喜悦。

当下的中国基础教育被应试捆绑，屡抑不止，学生被学校课程及书本知识束缚，实践活动太少，身体活动、体育活动、感知活动、情感体验活动的机会严重不足。思维活动看似不少，其实真正的思维活动，即：思考生活中真实问题的思维活动依然很少，只是大量地做题。而应试往往是人为刻意命题，甚至可能出现伪命题，这些命题与真实社会普遍存在、大量积压、迫切待解的真实问题，有着十万八千里的距离。何况，思维活动重要的是培养独立思维、独立判断的能力，而这在现行学校的教育实践中，实施得也很不够。游学对一个少年的眼界、胸襟、认识方式、抱负志向、社会性认知的影响作用极大。举办教育，根本在于立人，立什么样的人？不是小"我"的人，是能够登高望远、能作比较判断、具有爱心和责任心的人。最近哈佛大学招生目标的改革不也是如此导向吗？故对待游学，绝不仅是从"成才"的角度，更是从立人的角度来认识，才更具有价值。

《游学看美国》一书呈现出的孩子们眼中的美国各类课程、课堂教学、学习方式之异同，学校育人理念及策略的异同，以及对美国家庭教育的感受，对于丰富我们对教育学科中的课程理论、教学理论、德育理论、学习理论、家庭教育理论等的认识都很有启发。此书与学者阅读的有关美国教育的教育学文献很不一样。事实上，往往有时候，那些为科研而科研的文献阅读，搞不清真实背景，就发出独断的评价，虽不乏有人也去实地参访考察，但学者往往不自觉地便从概括出来的语言文字、概念命题、思想理论出发，以自己原有的框架性认知去套用各种活生生的材料。所以，要真正研究美国基础教育，这本书里的那些基于真实人的真实经历的材料倒是无比宝贵的。

对教育活动的研究，重要在研究教育活动的主体，学生是基本的主体，教师也是重要的主体。学生对学习生活的感受需求、学习动机、学习方法，学生眼中的师生关系、教学管理、教育管理都是教育研究、教师研究的好资料，从中可以发现不少好的研究议题，供我们做教育的基础理论研究、做比较教育研究。细心挖掘，可以从书中开拓出不少的教育科学研究课题甚至项目，不仅可以作出中美比较，找出差异和距离，有心的读者从书中也可以发现大量反映中国优秀学生的表现，比如：逻辑思维能力、语言组织能力、交往能力、呈现中国文化的能力等，由此可以反观中国基础教育的某些优长，反映中国文化中尊师重教的优良传统。

任兴华老师眼中所观察到的以及不断追问出来的那些出于一个普通中学教师的“问题”、答案及思考，我觉得十分有价值。他是一个爱学习、善学习的有心人，也是一个经验丰富的中国教师，他深知中国教育的问题与缺失，所以他拷问的结果非常实用、非常具体，他也能判断哪些方面完全可学，哪些方面可学精神、理念，哪些方面可效法方法、技术。比如，他对美国师生关系的描述概括，他对美国高中走班制、教师拥有表达个人教育风格的教室、美国学校对学生手机管理的观察了解，对美国家庭教育的体味感受等，有许许多多的精彩，我来不及一一细数。我甚至觉得，从研究的角度看，教师眼中观察到的美国教育的价值更大。

最后，我感到有必要说一说“中美青年大使”活动的意义、中美交流的意义。教育交流，亦是一种文化交流，它可以使两国民众互相理解、互相尊重，但对于教育者来说，说到底，我关心的是它能不能为这个地球上新人的培养贡献力量、体现教育的价值。我们是着眼未来、为了培养怎样的人而探索教育改进和变革的。要使人类走向更文明、更理性、更富有爱心和责任感的未来，两个大国均负有自然而必然的责任。借助“中美青年大使”这一活动，山东省实验中学的师生迈出了可喜的、扎实的一步，我表示由衷的祝贺。期待更多的学生、家长、教师、校长，投身到知行合一的行知实践和教育事业中去，为祖国、为世界、为明天，培养造就出有为的、同时自觉完善自我与造福人类的、独立思考勤于创新的新人。

自序

润物细无声

朱小棣

当今中美民间交流日益广泛，去美国留学的人也越来越多，年龄也越来越小。短期去美国访问的中小学生亦不在少数。这样浮光掠影地去美国走一趟，到底能有多少收获，可能大家还是有些不确定。

幸有美国安生文教交流基金会组织的“中美青年大使”项目，组织了山东省实验中学国际部26名高一学生，于2015年中国新年期间访美，实地探访了美国芝加哥地区的两所高中，并入住学生家庭一周。更加难能可贵的是在带队教师之一任兴华老师的有心安排下，学生们各自写出了真切的亲身体会。

大家可以从中获取大量一手信息，明确看到短期交流的巨大成果。孩子们不仅鸟瞰中美高中教育异同，时有深邃见解，更重要的是感受到了美国家庭生活氛围及父母子女关系，并及时纠正了许多片面看法与偏见。

任兴华老师本人也笔录下诸多亲身感受和访美期间收集到的大量宝贵信息。融合了我本人在美国生活学习近三十年的切身感悟，我和任老师精心编排整理，双双细加评析了学生们的短期实地考察心得，以简短点评和抒发感言的方式，有机地植入于这本山东省实验中学高中师生2015年访美手记中。

读者在阅读过程中不仅可以感受中美文化、教育差异，亦可了解“道听途说”与“走马观花”的不同。心系留学的广大学生，以及他们的家长和教师，都可以据此重新审视出国留学前景，为今后发展打下更为完整的信息框架基础。

全书十几万字，配以许多实地拍摄的照片，颇为生动形象地介绍了中美高中师生文化交流的成果，以及随之碰撞出来的心灵火花。

引语　飞去来兮

——“中美青年大使”项目泽被山东省实验中学学子

任兴华

2015年2月6日，山东省实验中学国际部师生30人经过精心的准备，踏上了飞往上海的航班。在上海短暂停留和培训后，我们飞赴美国，开启了令人难忘的“中美青年大使”项目。

“中美青年大使”(SAYA, Sino-American Youth Ambassadors Program)项目是由美国安生文教交流基金会与美国教育部、美国加利福尼亚州教育局以及各地教育主管部门联合开展并逐步建立起来的高端文化交流项目，旨在培养促进两国文化交流的优秀青年。2012年，时任中国国家副主席的习近平，在美国副总统拜登的陪同下，接见了正在洛杉矶市访问的“中美青年大使”全体师生及当地学校的部分师生。

山东省实验中学位于山东省济南市，建校于1948年，是山东省首批省级重点学校、山东省省级规范化学校，在校学生9 000余人。山东省实验中学国际部成立于2011年，用优质的教育和先进的理念，实现了中国高中和美国大学的无缝隙衔接，架起了中外教育的桥梁。我校参加2015年“中美青年大使”项目的26名学生全部来自国际部高一年级。

本次“中美青年大使”之旅行程两周，一周在美国高中体验学习生活，一周奔赴美国东部感受异域文化。第一站我们飞往芝加哥，学生按班级分成两组，分别在莱顿高中(分东莱顿高中和西莱顿高中)和巴林顿高中进行学习。很多孩子不止一次出国，但是孩子们对于这一周的学习还是充满了期待的，这源于他们身份的特殊。他们升入国际部，在国内进行着美国课程的学习，剑指美国排名前五十的高校。他们期待着踏入美国高中课堂，感受一下自己的水平，体会一下课程的难度，纠正自己的一些认识。所以，在奔赴美国之前，我们做了详细的计划，从课程设置、班级管理、课业难度、家庭教育、社会实践、课余生活六个方面选取了20个观察角度。每个孩子选择若干角度，既保证了每个角度都有人观察，又避免了千篇一律。孩子们带着观察、探究和学习的态度进入课堂和寄宿家庭，怀着理性的思考去比较中美教育的差异，不妄自菲薄也不妄自尊大，在真实体会和认真比较中发现中美教育的不同特点，较好地做到了“博学之，审问之，慎思之，明辨之，笃行之”。他们是颇有收获的，很多文字是颇有见地的。这些精心写就的文字，相信对于读者也是有借鉴作用的。

结束了难忘的课堂学习之后，我们马上迎来了东部文化之旅。相比于走马观花式的风景参观，孩子们更注重用心去体会当地的人文历史、风土人情。参观大学尤其让学生们兴奋，哈佛的雍容大气、麻省理工的严谨细致、耶鲁的古典庄重都给孩子们留下了深刻的印象。孩子们这一圈是真的走心了。也许，其中的某个孩子在两年之后，真的就能再次来到这里，成为校园中的一员。

作为青年大使，我们在体味和学习的同时，不忘传播中国文化。孩子们身着太极服，标准的太极拳表演让美国师生着迷。古筝、二胡、剪纸、毛笔字，让美国的高中生赞叹不已。也许，他们中的一员不久之后就会踏上中国的土地亲自感受一下。他们感受到了来自古老东方的奇特魅力，《芝加哥论坛报》也做了专访。学校还设立专门时间，美国高中生把我们围在中央，问着千奇百怪关于中国的问题。我们突然深切感受到，他们对中国的了解太少、太浅显、太片面了。要想让世界更了解中国，需要我们做出更大的努力。也许，这就是这个项目要带给我们的更深一步的思考。

大年除夕，我们来到了安生文教交流基金会位于华盛顿哥伦比亚特区的总部，和当地一所学校里学习汉语的学生一起欢度春节。不同肤色的孩子在一起包饺子，表演各具民族特色的节目，《人民日报》海外版、《中国日报》、《侨报》、《世界日报》、美国中文网等等媒体进行了专题报道。

我们亲身感受到了文化的交融，也深切感受到了中华文化的独特魅力，彼时虽然和祖国家人相隔万里之遥，但是心似乎更近了。

感谢这次独特经历，我们感受着，收获着，成长着……

参加“中美青年大使”活动的学生和他们的外国朋友们

目录

第二部分　老师眼里的美国课堂和家庭教育

第一部分

高中生们眼里的美国课堂和家庭教育

感受美国

王雨飞

美国课堂体验

经历了一番波折之后，我的芝加哥之旅终于开始了。通过深入当地课堂，与学生一起交流，我有了许多自己的体会。

首先，我觉得许多中国人对于中国的教育是存在偏见的，他们总认为美国的教育是最先进的，但实际上，通过我的亲身经历，我认为两国的教育模式存在差异，但并不能用先进和落后来评价。中美两国的国情有着很大不同：中国人口众多，为了保证教育的公平，只能采取相对苛刻的高考制度，所以学生也更辛苦一些；美国的高中教育则是真正意义上的素质教育，学生在高中四年里能对自己未来的走向有比较清晰的认识，发现自己的兴趣所在，清楚自己将来要读什么专业、从事什么工作。

中国的教育模式能最大限度地给予学生知识，最大限度地让学生理解知识。尽管很多知识与今后的工作毫无关系，没有帮助，尽管学生会在考试之后以极快的速度遗忘，但这些知识的获取过程造就了中国人勤奋、刻苦等取得成功的必要品质，使我们能高效率地思考、工作。这些知识还使我们拥有了一个灵活的大脑，使我们拥有比美国人更强的思考和计算能力，使我们有了在国际舞台上竞争的底气。

通过与许多美国学生的交流发现，他们无一例外地对我们强大的数学能力感到无比敬佩，他们课下做的练习题对于中国学生而言都是最为基础的内容。我们旁听的一堂代数课讲的是有关圆的知识，内容都是一些基础的公式，练习试卷上的各个题目除了数据不同外基本类似，在我们看来这是很简单的练习题，可美国的同学们做起来却有一些吃力。

我认为美国高中教育的好处是，它给予了每个学生全面发展的机会和自由发展的空间。除了英语、体育等必修课以外，学生可以选择多种多样的选修课以学习众多技能、开阔视野。我访问的高中为会演奏乐器的同学开设音乐课，夏季还有潜水、攀岩等课程。

那所高中一节课三十分钟，这个时间实在太短了，所以我不认为老师能在一节课上教授很多内容，最多是对概念性的内容进行讲解，这与国内教学的差距是巨大的。国内的课堂上，老师不仅讲解概念，还会分析例题以及例题的变形，意在使学生掌握同一类型题目的解法，而最终的目的是为了应对高考。美国的高中老师则将教学的重点放在培养学生的学习兴趣和总结学习方法上，例如物理老师会安排一整节实验课探究一个简单的公式。我所在的学校为每个学生配备了一台笔记本电脑，学生可以登录学校的内网查找一切与课程相关的信息，老师则通过网络把作业布置给学生。

有时老师会在课堂上布置一些工作，有的需要自己查资料完成，还有的则需要小组讨论与合作。小组合作是美国常见的学习方式，我也想根据观察谈谈我的所见所想。如今，合作是取得成功必不可少的条件之一，也是一个人所应具备的基本技能之一。美国的课堂很注重学生这方面的锻炼。在我所旁听的西班牙语、历史和英语课上，老师都安排了小组讨论或研究。但我所看到的景象与在国内听到的描述有很大不同。大多数人在小组合作的同时也做着一些与学习无关的事，比如聊天、上网等，甚至有一些人在短短半小时的课上什么也没有做，只是聊天。我认为这或许就是小组讨论最大的缺点，也是这种教学方式始终没能在国内广泛使用的原因：老师无法保证每个人都高效地参与了整个过程。美国高中的课程容量相对还比较小，可以使用这种方式，如果在高考的重压之下，还采取这种教学方式，无疑是一种极不合理的选择。

实际上，美国学生在高中阶段的学习主要还是以培养兴趣和寻找方法为主。互联网辅助教学、分组合作等都是在优秀大学里常用的学习方法，高中教育与大学教育接轨的做法可以更好地帮助学生提前了解和适应大学生活，为将来在大学中进行深入的学术研究做好准备。

一周的美国课堂体验之后，我对美国高中的教育方式有了一定的了解，也让我看到了自己的同龄人正在做什么、正在关注什么、正在思考什么。两年之后，他们中的有些人可能会成为我的同学，我将与他们一起生活、学习、竞争。这次的经历使我的求学之路变得更加清晰，使我明白自己该如何做才不会辜负曾经立下的目标和自己心底的那份追求。

日常生活体验

在美国家庭一个星期的生活，使我感受到了美国地道的风土人情。无论是家人之间还是同学之间，彼此的关系和相处的方法都与国内有很大不同。

美国的大多数家长都很注重对孩子的教育，特别是对孩子成长的陪伴，所以孩子与家长几乎是无话不说，并且习惯于和家长分享自己的想法。初次见到乔治时，最令我惊讶的是他用的是最新款的 iPhone 6 Plus(苹果公司智能手机)，凭借我的个人感觉，他的家庭一定是比较富有的。但通过交流我才得知，他买新手机的钱全部是他自己周末打零工攒的，这不禁让我敬佩不已。美国的父母会随着孩子的逐渐成长而适度放手，给孩子一定的独立生活和发展的空间，也让孩子逐渐为成年接触社会做好准备，其中比较重要的就是经济上的独立。特别是孩子成年之后，家长除了供应大学学费外几乎不会再给孩子钱，更不会出现像国内孩子大学毕业后父母给钱买车买房、帮助找工作等情况，这是两国家庭教育一个很大的不同。

这一个星期中，我问美国同学最多的一个问题是怎样与父母建立起相互的信任。因为我之前就已经知道美国人对于个人隐私是十分注重的，父母从不会查看自己孩子的聊天记录或短信等内容，但这样是如何让父母对自己的孩子放心的呢？通过询问，我并没有得到一个确切的答案，乔治告诉我他心里清楚如何才能取得成功，如果这件事是错的，或者会对未来带来很不利的影响，他就不会去做。这或许就是印在美国人脑海中的一种是非观和价值观的代表吧，他们的想法都非常简单：既然是错的为什么还要去做？他们与父母之间的关系就建立在这种观念之上，这种依靠信任建立的关系既是奇妙的,又是宝贵的。这种信任能够建立的另一个原因是美国父母对孩子从小到大非常连贯的教育。美国父母非常看重陪伴孩子成长的过程,这样一方面能保证孩子始终按照自己的期望成长,另一方面,每当孩子遇到困难时总能感觉到父母就在身边,父母可以给予自己最大的帮助。很多国内的父母羡慕美国孩子与父母交流时的无话不说、毫无保留,但他们中的不少人并没有做到自始至终陪伴孩子的成长,并没有做到当孩子遇到困难时尽全力帮助孩子。一位美国家长告诉我们,每当自己的孩子遇到如学习、与异性交往等方面的困难时,他所做的就是让孩子感觉到自己在处理这种问题方面是有经验的,并且自己愿意帮助孩子渡过难关。对于美国家庭教育的种种先进之处,我们知其然更要知其所以然,不能只看到别人的优点却不知道这优点是如何形成的,明白了其中原因之后才能取长补短,使我们的家庭关系更进一步。

美国人另一个让我敬佩的地方是他们高度的自觉性,这种自觉性体现在方方面面,并在不经意间表现出来。一个最简单的例子,美国很多高中生都有驾驶证,他们中的有些人喜欢在车上大声说笑或播放震耳的音乐,但不论如何,每当他们经过路口时都一定会停下车左右看一下,确保安全后才通过,尽管大多时候并没有人和车经过路口。我坐了许多高中同学驾驶的车,他们无一例外地遵循着这一规则,也许这来自他们从驾校学到的内容,但在无人监督的地方还能严格遵守这一规则,这种高度的自觉性不得不令人敬佩。

美国高中生的课余生活是很丰富的,他们经常会在放学后三五成群地开车去聚会,他们会事先与父母商量好回家的时间,不管聚会有多么愉快,他们一定会按时到家。美国学生最大的特点就是玩的时候尽情地玩,但学习的时候就将精力集中在功课上。在一个星期的时间里,我曾多次看见乔治带我玩完回家后立刻开始学习,而且学到很晚。这就是我敬佩的美国人的另外一点:无论什么时候都很清楚自己想要什么,要做什么,怎么做,并且付诸行动。一个有自知之明并且不断努力的人一定会是一个成功的人,而这个国家也因为有了这样的公民才始终屹立在世界之巅。

短短半个月的经历,使我看到了一个更加清晰和真实的美国,它虽不像某些人宣传得那么完美,但它有它的先进之处,它的富裕和强盛是有原因的,在它的领土上生活的人们有着许多值得我们敬佩与学习的地方。取长补短,学习别人的先进之处，就可以不断地取得进步。成功的路上，我们要走的路还很长，我们要做的事还有很多。

王雨飞和寄宿家庭在一起

王雨飞在华盛顿接受“美国中文网”采访

点评：“靠谱”的班长（任兴华）

雨飞是个“靠谱”的班长。总裁的果敢和平日的幽默之结合，即是我的班长。他写的文章，有许多与我的想法产生了共鸣。王雨飞在文章中提到“很多国内的父母羡慕美国孩子与父母交流时的无话不说、毫无保留”，确实戳到了很多国内家长的痛处。虽然王雨飞的这种说法值得推敲，因为我们不能以偏概全，况且毕竟也不是每一个美国家庭都能保持亲子关系的融洽，而国内很多家长和孩子也能亦亲亦友，但王雨飞提出这个问题，必定是基于自身和身边伙伴的亲身感受，所以特别值得中国家长和教育从业者认真思考和探讨。

感言：后生可"慰"(朱小棣)

初次接触王雨飞同学的文字，我有些震撼。看了任兴华老师的点评后，又有所释然，原来他是一位班长，开腔落笔时的少年老成，也就不那么令人意外了。这种中国特色的学生干部身份，在美国学生生活中是毫无踪迹的。即使是美国学校的学生会主席，其角色与身份的由来，也大相径庭。我年轻时在国内也曾是学生干部，初读雨飞的文字，让我重温少年故我，不禁莞尔。

古语云，孺子可教，可是雨飞扑面而来的开门见山，则让我深感后生可"慰"。一扫人们对独生子女任性骄侈、幼稚浅薄的通常印象，雨飞文字的起点，居然站在国家的高度，激扬指点。字里行间，甚或有对政府现行政策及体制的诸般体贴与同情。尤其好在能够提纲挈领地观察总结出中美高中课堂教学的明显异同，点评各自高低优劣之所在，并设身处地，点明移植课堂讨论的教学手段，何以可能会是此路不通。

随着他的视角从课堂转向家庭，他对中美教育的本质不同，亦有了深切的体悟。不仅看到美国子女、家长之间平等关系的令人可羡，更加了解到父母陪伴子女成长过程的重要性。尤其是对美国孩子们是非价值观念的建立，以及遵纪守法与自觉性的养成，都有了切身的感悟。更为深刻的是，随着视角的扩大，雨飞终于对教育立人的根本目的与效果有了一定程度的领悟。

总之，随着文字的展开，雨飞这个孩子，在我眼里开始变得愈加可爱起来。他的下一篇旅行随笔，更能见出作者的淳朴、自然。相信他在今后的求学生涯中，一定能够进一步体会到接受良好教育的根本目的以及回报社会的公民义务。

美国之行随笔

——感受阿拉斯加安克雷奇

王雨飞

带着期待与兴奋，我的美国之行终于开启了，但整段旅程的开端似乎并不顺利，先是在上海遭遇了航班取消，之后又被迫在安克雷奇停留了一天，导致整个行程受到了影响。不过在安克雷奇的一整天给我留下了非常深刻地印象。

最开始的印象便是冷，到达的时候是清晨，同样的时间在中国天早就亮了，可这里的太阳却丝毫没有要升起的意思。走出机场，我们立刻被从未经历过的严寒所包裹，这里有零下二十多度的气温，冷风如尖刀般划过面颊，使人无法在室外停留。我们没能拿到行李，所以面对这样的严寒几乎毫无办法。当时的我还在想，在这样的地方停留一天简直就是煎熬。

随着时间的推移，我渐渐改变了自己的想法。而最开始带给我这种改变的，是我对安克雷奇的第二个印象，那就是美。随着太阳的升起，这座早已有所耳闻却从未亲眼看到的阿拉斯加小城开始露出了它那朦胧而别致的美。

首先是天空，我从未见过比这里天空更湛蓝的地方。这种蓝与我们一般印象中的完全不同，这是一种纯净的、没有一丝瑕疵的蓝；是一种当你看到它就能感觉到世界瞬间的安静，能带给你对大自然最原始的感受和呼唤的蓝；是一种让你觉得陶醉甚至沉醉，能带给你如同进入天堂般感受的蓝。我觉得不可思议，这世界上怎么会有如此漂亮的天空，以至于我无法在脑海中找到一个词语去确切地形容它。望着这样的景色，我能做的唯有认真欣赏，并用相机忠实地记录下来。

紧接着是这里的空气，如果要用一件事物作为标准去评价一座城市的环境的话，空气是再好不过的选择了。如何形容安克雷奇的空气呢？我只能说这里任何一处都可以用天然氧吧来形容，市区内的空气虽然没有裹挟树木的气息，但仍然是纯净的，可以让你嗅到大自然最原始的味道。

再说说整座安克雷奇小城，用小城来形容这座城市是很贴切的。若想要把城市的主体部分都走遍，一天的时间是完全足够的。整个城市的布局很规整，街道大多是纵横交错，将整个城市分割成一个个部分。街道上的街景与美国大部分地区没有什么区别，但这里的安静令我印象深刻，除了个别繁华地段外，绝大多数地方都是偶尔才有行人和车辆经过。这里最常见的景象是夫妇俩带着几个孩子在街上、商场、博物馆等地游玩。路边一个个小店的橱窗里都摆满了与阿拉斯加有关的精致的旅游商品。不管是当地人还是游客，在咖啡店里捧一杯咖啡，静静地坐一个下午，都会是一个不错的选择。可以说安静与惬意的慢节奏生活是这里的主旋律，而这也正是我所喜欢的。提到阿拉斯加，人们首先想到的应该是这里靠近北极圈的景色。安克雷奇正是一座被雪山环抱的城市，在街道上极目远眺，便可以看到连绵不绝的山脉，山脉与湛蓝的天空一起构成了一幅和谐而美丽的画卷。安克雷奇这座可爱的小城，就在这群山环抱之中安静地沉睡着。

因为远离美国本土，这里的风土人情也与传统的美国文化不太相同，比如这里的人非常热情，而且彬彬有礼。走入一家商店，店主会亲切地和你打招呼，如果你空手而出，他也会为你送上最真挚的祝福。如果遇到困难，比如找不到某个地方，在大街上随便找一个路人询问，他一定会热情地回答你的问题，甚至主动提出要带你过去。这样热情的人们令初来乍到的我们感到十分的温暖。

一天的安克雷奇之行，令我感受到了这个北极圈附近的小城那别具一格的美。我想自己已经深深地喜欢上了这座城市，此时此刻，我只能在心底默默地告诉自己："我一定会再来的。"

体验美国高中生的课内外生活

应元哲

在本次美国访学活动中，我观察了许多，亦有不少思考与理解。若是全部列出，恐怕许多页纸也交代不完。只好单独甄选一个角度，希望在这篇报告中，能浅谈一下我对美国高中生课内外生活的体验与思考。

许多人对美国学生的努力程度提出了质疑，有一部分人认为美国学生不如中国学生努力。其实我们在看到两国国情、文化差异的同时，应首先分析其中的相似点。我们交流学习的高中临近芝加哥，学生以拉丁美裔居多，与中国人的普遍较保守性格截然相反，拉丁美洲人天性中就有一份狂野，喜欢听电子乐、说唱，喜欢朋友聚在一起跳舞……尽管有各种不同，但对于正经的事情，也持有应有的执着。每次他们询问诸如政治、学业的话题的时候，一句"Now, serious question…"就知道他下面要讲正经的了。小组合作的时候，该认真的也会认真起来。

这是我的寄宿家庭孩子一天的学习安排：

科目	具体	时间
数学	做试卷	40 分钟
英语	阅读	30 分钟
物理	为一场考试做准备：包括做活页练习，复习小测试笔记	60 分钟
西班牙语	在线阅读	50 分钟

总时间：180 分钟。

客观地说美国学生可能没有中国学生学习紧张，但也没有国内舆论描述得如此夸张。我们的寄宿家庭中，有一人今年刚收到哈佛大学、耶鲁大学以及普林斯顿大学三所全球顶尖大学的录取通知书，问别人对他的看法，几乎都是“这个人平时很低调，很努力，晚上经常奋战到很晚”。

美国同龄人之间的状况也是天差地别的。我两年前也参加过一个类似的项目，加上这次的观察，不难发现美国学校课程的弹性是很大的。例如小组交流与合作一共三十分钟的时间，一般的小组一般先刷一遍邮箱、看一眼 Facebook、看一个 YouTube 视频、与朋友聊聊天，最后十分钟赶紧应付一下完成教师布置的内容；也有的小组可能完全浪费了所有的时间，历史课上抄数学作业的情况我也目睹过；亦有小组专心致志——学生都被当作成人对待，为自己的行为负责，责任意识是美国教育中非常侧重的一点。无论怎样，美国学生纪律性是极强的，允许课上吃东西的课堂中随处可见学生吃东西的行为，但在教师不允许吃东西的课堂中没有一个人敢违反纪律；对教师的尊重虽没有中国如此严格，但对教师最基本的礼节也是必不可少的；走出学校，开车遇到十字路口的 Stop 标志就要将速度减到零再重新起步；转弯时永远是车让人、转弯让直行，无论是什么社会阶层的人都恪守着社会上一些最基本的规则——也或许是因其惩罚措施严格的缘故吧。

Everyone is different.（每个人都是不同的）

It's OK to say something different.（表达不同观点是可以的）

Just to be honest, you'll be fine, I promise.（只要诚实，包你没事儿）

Diversity is always respected.（多样性总是受人尊敬的）

这是我在美国与同龄人共同生活时听到的最多的几句话。

美国是一个由精英阶级领导的高度分化的社会。言论是自由的，个性是独特的，但个性与个人成功是两个概念。美国人的生活方式多种多样，但学业或事业的成功故事却有广义上的共同点。就像马丁·路德·金讲到的，每个人都能通过自己的努力走上成功之路。

再浅谈一下令我感触颇深的不同之处吧。中国近二三十年来变化万千，一次次的文化冲击、信息爆炸让国人目不暇接，传统的观念、待人处事的哲学一次次不断崩塌，纯真的友谊变得越来越难得。中国意识形态正处在新旧之交的时期。电子产品迅速占据了国人的娱乐生活,社交网站、电子游戏得到无数成年人和未成年人的青睐。而美国作为全球科技发展的前沿与核心,其青少年的娱乐项目却十分简单、传统。

我的寄宿家庭孩子对我说:“我没有很多空闲时间,但一般来讲我会与朋友一起玩。”果真是这样。跳舞、音乐、派对、体育、美食都是他们热衷的娱乐方式,家长也鼓励孩子们放下游戏机,去真正的世界里探索、娱乐,像大人一样社交,会玩也是人生中极其重要的技能。在这期间,朋友间就自然而然地建立了十分纯真的友谊。有人批评美国学生娱乐时间太多了,其实细想:他们为何得以两点半放学?细细算下来,他们的上课时间并没有比我们少,只是他们没有课间浪费的十分钟,没有中午一个半小时甚至长达两个小时的午休,去掉这些零碎的时间,不难发现,他们在校的节奏与效率比中国学生要高得多;节省下来的时间,学生既可以学习,也可以做社会实践,也可以拿来与朋友娱乐,只要合理安排时间,按规定的时限完成学业即可。他们只是把中国高中生刷朋友圈、打电脑游戏的时间用在了与朋友真正地社交、娱乐上,仅此而已。在与他们交往、熟悉的过程中,他们的举止、言谈都透露出其成熟的社交能力,轻声交谈、礼貌用语、开门时前面的帮助后面的扶一下门、善意地表示感谢、从他人的角度思考问题、为他人着想,完全就是卡耐基思想的体现。当他们举止不端时,他们会感到十分的没有面子。而许多中国高中生依我看来是远远不及的。

反观国人娱乐,许多中国高中生沉浸在形形色色的电子游戏、视频网站中,虽然同样是获得了娱乐,但是其中的收获却是微乎其微的,也并不会从此中建立任何友谊。我们进行交流的高中最近有一位名为西斯科(Cisco)的同学不幸去世,全校的同学自发组织发起了名为“Cisco Strong”(西斯科,加油)的义卖活动,我的寄宿家庭孩子也参加了这项活动。活动遍布全校,甚至包含校队比赛时的篮球比赛体育场,义卖的产品主要为印有“Cisco Strong”字样的手环、印有“I Wear Blue For Cisco”的 T 恤衫等等,形式多种多样,义卖所得款全部捐献给西斯科的父母,足见其情感之真挚。而回到中国,一次请一个朋友帮个小忙,做一张幻灯片,他第一反应是提出条件要在首页署上自己的名字。不能说是友谊不真诚,只能怪社会的风气太功利了。

说到篮球赛，就想起美国高中的体育教育。学校之间经常举办友谊赛，值得注意的是前来观战的家长团队尤其壮大，家长亦有十足的激情。我也参加过数次的体育课，也就是所谓的健身课。健身房中的健身器械各种各样，以举重器械居多，每节课教练布置下大量的任务，三十分钟没有一点休息的时间，做完每一项会用随身的笔记本电脑记录下来，汇总出健康数据。我们也尝试参与了他们的项目，例如举重等，明显感觉平日缺乏锻炼，与他们的身体素质相距甚远。回想我们的体育课，有看书、看手机的，运动的同学活动量也很少，完全不及他们每天都要上的、必修的体育课。国人身体素质较弱，由此即可获知原因。

虽然说了那么多，但我也并不认为中国就要一味效仿。中国目前处在新旧文化交接，传统价值观、意识形态崩塌，新文化正在形成但没有补足的阶段，就难免暂时性地造成——更多是暴露出许多诸如过度功利、素质低下等问题。愚以为，国民素质不可急于求成，它不是靠开几次会、做几次宣传就能提升的，它需要时间，这会是一个长期的话题，是一个国家不断摸索与不断进步的必然。

应元哲在华盛顿“春节联欢”时担任主持人

点评：独特的发现（任兴华）

应元哲同学是一个富有思想、乐观开朗、同时又成熟稳重的男生。他平日里广泛涉猎各种知识，对许多问题都有着自己独到的见解和思考。在文章中他写到美国高中生的娱乐方式，并与中国的年轻人进行比较，结果发现身处科技最前沿的美国人比我们更专注于面对面的社交，这一发现可谓独特。让我更感兴趣的是，应元哲和王雨飞一样，也关注到了交往问题。在信息化无孔不入的时代，这个在我这个 80 后看起来不是问题的问题，如今却成了 90 后、00 后绕不开的“潘多拉魔盒”。

很多家长向我诉苦，说孩子小时，学校里的事情回家能说好几个小时；自己骑单车或步行接孩子回家时，一路上无话不谈，欢笑声洒满一地。此情此景，温馨难忘。

而现在呢，所有的一切都消失了。家长与孩子坐到一起，简单的几句询问后，就再也找不到接下来的话了。那种尴尬让很多家长难以忍受。询问孩子在校情况时，孩子应付两句，问得急了，孩子撂下一句话“烦不烦呀你”，然后躲进书房自成一统，一晚上不理你。当自己耐着性子，试着和孩子谈论些学习的话题时，孩子一句话就噎得家长够呛：“哎呀，你又不懂，跟你说也白说。”再当自己试探着旁敲侧击地套出些真话，没想到小子太贼了，一下就听出家长的真实目的，然后没好气地回答：“这件事，你不用知道。”最后，当自己被逼得无可奈何，精心准备了一晚上，想和孩子就某个话题展开深入交流时，孩子说：“你不就是想让我好好学吗？”呜呼哀哉，此情此景，人何以堪？

相信各位看了应元哲同学的文字，应该有所感悟和思考吧。

感言：辩证的独到（朱小棣）

正如任兴华老师指出，应元哲同学的确有着自己独到的见解和思考。一出手就来了一个“求同存异”的总体框架，而且由里及外，先把课内活动时间及安排做一个预先的交代，好让读者有个心理准备，知道是在怎样基本对等的基础上进行的比较，体现了思维的缜密。尤其是拿出名校录取生的故事震慑住任何可能的诘难与反驳，处处表现出逻辑预设的严谨。

也正如任老师所指出，元哲同学能够深入地发现，身处科技最前沿的美国年轻人，反而比我们更专注于面对面的社交娱乐，建立平等友好关系。看得出来，当地学生们为不幸逝世同学举办的各种集资活动，诚挚地打动了元哲同学的心。随之走笔带出的体育运动故事，也犀利捕捉到家长参与和运动活动量大这样两个闪光要点。

然而，更优秀的评析，在于其简练而深刻的总结：在美国，“言论是自由的，个性是独特的，但个性与个人成功是两个概念。美国人的生活方式多种多样，但学业或事业的成功故事却有广义上的共同点”。他直观地体察到人与人之间是不同的，各自对生活理想的追求丰富多彩，并非千人一面地追逐世俗功利性的“成功”。继续深思下去，就会发现，成功有其共性，独特则是一把双刃剑，可以帮助成功，亦可能相反，但人各有志，各自追求不一，这才是大千世界精彩纷呈之处。

和王雨飞同学一样，应元哲同学也注意到了美国学生在分组课堂活动时经常表现出来的自由散漫，却又同时钦佩他们在社会公德方面展现出的高度自觉与自律。这种矛盾统一的细腻观察，正是整体认知上升飞跃的基石。和雨飞不同的是，元哲所表现出来的历史感，使他能够获得更加恢弘的自信与谅解，信心满满地看待我国目前新旧文化频频撞击、青黄不接、乱象丛生的暂时现状。

值得一提的是，如果说雨飞在文中断定“我们拥有比美国人更强的思考和计算能力”时，还显得盲目武断，那么至少从元哲的文中，我能感受到两国学生一定程度上的旗鼓相当。元哲还有许多感触未能形成文字，我也期望看到这次访美之后，他在内心深处究竟起了哪些变化，对自己个人学业道路的未来，有哪些具体行动规划与改变。我所期待的是一个知行合一的独特个体。

走进美国高中的文科课堂

王若涵

近年来，美国的教育开始受到越来越多的关注，不少人想要探索美国教育模式的秘密，找出美国能够培育出无数世界顶尖人才的方法。这几年，中国和美国都开始互相对比和反思各自的教育方式。作为中学学生，我们来到美国，步入美国的学校、课堂，走进学生的生活，希望找到中美两种教育的不同之处。在我看来，美国的文科课堂，是美国教育模式下很有特色的一类。

在此之前，我想先纠正一个普遍的误解。国内大多数人认为在美国教育下，学生在大学之前是很轻松的，每天都是很晚上学，很早放学，学习内容也很容易。但其实不是这样，美国的课程和作息安排不像人们想象得那样悠闲，课程内容也不像人们想象得那样简单。学校的第一节课一般是 7:20 左右开始，因此美国的学生像中国的孩子一样，每天很早就要起床，即使住得离学校很近，也要 6 点半左右起床，有的甚至 5 点就起床。他们根本没有时间吃早饭，一般是在上第一节课的过程中解决的。美国高中的课间只有 5 分钟，加上选课、跑课的制度，学生不得不利用短暂的 5 分钟在不同的教室里奔走，根本没有休息的时间。下课铃一响，学生就拿着提前收拾好的东西离开教室，不会在意老师的课有没有结束。这种情况下，老师还是有点尴尬的，还没下课就看着学生收拾东西，一下课立马教室就空了，我觉得老师多少还是会有点失落感吧。学校也没有安排午休时间，不少学生中午没有吃饭的时间，有的选择在课上吃午餐，而有的就不吃了。简单地说，美国学生在校的状态基本上就是只有上课、跑课两种，只有少部分幸运的学生由于个人选课的原因，在课程表上能够排出自习时间,可以用来休息、就餐。而他们学习的内容,个人认为在某些方面相比中国学生学习的内容确实容易,但是这并不意味着美国学生学的都是我们眼中小学生的知识,该难的还是很难的。与中国的不同之处在于,他们的高中教育注重的是学生知识的广度,要求学生查阅大量的资料,用以扩充知识面;而我们的高中教育注重的是知识的深度,要求学生把每个知识点学得相对透彻,能够举一反三。我无法笃定地说哪一种方式更加优越,毕竟两国都在互相地学习,只能说这两类各有特色,而且更重要的是,它们对于学生的要求都很高。因此,多数人认为的美国学生的学习“轻松”是不属实的,在我看来,美国学生的轻松之处只是舒适的课堂环境和较丰富的课余生活。

在我这一次美国之行听过的课里,比较能够显示传统美国教育的,个人认为还是美国的文科课,这里我主要指的是世界历史(World History)和“语文”(English)。应该说这两门课比较完美地体现了美国教育的特色和目的。虽然它们都是我们所定义的文科,但是两门课的教学模式还是有所不同。

很幸运,我遇到的世界历史的老师是他们中学很有名的一位老师,他让我体验了最有特色的美国课堂。很有意思的是,在世界历史的课堂上,我看不到任何一个带着课本上课的学生。在美国,有很多课堂都是这样,因为课本比较沉,大多学生选择携带笔记本电脑,少数是只带着本子(课堂上我只看到一个)。其实对于美国学生来说,课本上的内容只是他们学习范围的一小部分,从大量课外阅读中获取的多角度、大容量的知识,才是他们认为更重要的东西。据调查显示,美国国内排名世界前二十的大学里的学生每个周要读上百本书,要想真的读完是不可能的任务,因此在这种情况下,阅读能力、提取书中主要信息的能力和选择能力也就成了美国学生重要的能力。我觉得这方面还是需要我们学习的,国内的有些学校里,大量的课下作业占据了学生的课余时间,学生的眼里也只有那几本薄薄的课本,而且如果长此以往,学生对课外书可能会丧失兴趣,即使有了时间也可能会对课外书产生反感。中国人的平均年阅读量在世界上属于很低的了,提升国人对于读书的热情也是当下我们的教育面临的重大任务之一。

不同于中国,在有些美国课堂中,笔记本电脑是学生上课的必备硬件,世界历史就是其一，老师有时会主动要求学生在课堂上利用学校里的免费无线网络查阅相关资料，当然学生自己在上课过程中也可以随听随查。我想在这方面也反映了中美观念的不同吧：大多数中国学校是从不允许学生在学校里使用个人的电子设备的，怕学生在学习时玩游戏或者产生依赖性，但是美国人思想就相对开放一些，他们认为这些电子设备生产出来就是来用的，它们能够帮助学生完成学业。这方面我还是比较认可美国人的态度的。其实在美国的课堂上也并不是没有学生玩电脑游戏、看电影，我确实也看到一些学生在提前完成课上任务后使用电脑娱乐的，但是这并没有对他们的学习造成很大的影响，而且我觉得在如此令人疲劳的课堂制度下，适当的放松也是可以理解的。而中国的家长、老师有很多生怕学生触碰电子产品后上瘾，但是有的时候正是因为一直不让学生接触，而当他们最终接触的时候才触发了他们的好奇心，导致上瘾。其实，只要我们能够合理地引导，这种情况是完全可以避免的。有些时候，我们应该把我们的教育思想放宽一些，只有我们打开自己的教育思维，才能真正意义上拓宽在我们教育模式下成长的孩子的视野。

在上课方式上，美国的世界历史课和我们的历史课还是有很大的不同的。

首先，我觉得最有趣的一个点就是老师上课用的课件基本上是个摆设。我觉得可能是为了提前让学生适应大学的生活，因为美国的大学课堂大多都是以讲座的方式进行，根本没有能够展示主要教学内容的课件，学生只能靠聆听。课堂上老师虽然播放了课件，但整个讲课的过程基本上没有用到，我觉得已经比较接近一个小的讲座了。

其次，与其说老师是在给学生上课，不如说老师是在抛砖引玉地启发学生，不像中国的历史老师总是把每节课安排地满满的，知识点一个接一个丢给学生，学生的思考时间很少。美国老师的课是讲到哪儿算哪儿，这样的安排，使学生对于每一个知识点能够有自己的思考。上课时，老师一般只会抛出一个问题，之后像是谈话一样地和学生交流（都说美国的课堂很安静，学生如果不举手，就不私下交流问题或者回答问题，其实在这个交流的时段里，学生们还是会私下交流的，甚至有的时候全班都是“嗡嗡嗡”的声音），这样的课堂气氛很活跃，学生的参与度很高，几乎每一个问题都有十位以上的学生举手。更不可思议的是，老师大多时候居然会花时间听完每一位举手同学的想法,根本不在意课堂进度的问题,尽可能多地给学生展示的机会。中国的学生由于班级人数众多而缺少这样的经历,因此当老师问出为数不多的问题时,很少会出现大批人回答的情形,但是这个问题也是中国的人口国情所致,还是要慢慢来解决。世界历史课上也免不了出现同学之间、同学和老师之间的意见不同的问题(相当于简答题),美国的学生在文科课堂的提问能力是强于理科课堂的,正好和中国的学生相反。有的时候全班可能因为一个小小的问题“炸个锅”,但是老师却很享受这种不同意见的冲突,他会选择花一定的时间在这个问题上进行讨论,尊重并接受每个学生的合理观点。其实中国的老师也很欣赏学生对问题提出质疑,只是因为应试的制度,大多老师会让学生保留自己的观点,但是考试的时候以答案为准。其实在这方面我还是更加欣赏美国人的做法,学生的创新型思维需要被保护,因为这不仅是衡量学生综合能力的重要的标准之一,还是每一个新型人才所必备的素质之一;而中国选拔人才的制度却恰恰不让学生展示这项能力,我们需要找出这方面相应的改进措施,训练学生提出新想法的能力。

最后,历史老师很善于联系学生的日常生活,常常会让学生联想生活中每个人都经历的事情帮助学生理解某个问题,而且他甚至还很幽默地询问我中国的一些制度来增强课堂的趣味性、丰富性——很会利用各种资源啊!总之,美国的世界历史课堂还是很具有美国味道的。

美国的英语课,也就是相当于我们国内的语文课,是美国高中里少数需要用到“课本”而几乎用不到电脑的课堂。应该说,这几天对于美国的英语课的体验还是让我大开眼界的,这门课的老师也是很有特色的。那么这门课的课本是什么呢?学校没有配发,所谓的课本就是历史上著名作家的名作,由老师带着学生精读。上课时,老师领着学生一段一段地读文章,有的时候会找学生朗读,之后再总结这段文字的大意,帮助学生理解作者的用意,并回答学生的问题。让我很惊讶的是,这样一门在我看来如此枯燥的科目,竟是我所见到的美国学生提出问题最多的一门课,他们的问题有的是关于书的内容的,有的是关于书的立意的,当然也有的是质疑老师观点的,对此老师也会非常开心地回答。有的时候,为了保证讲读文章的连贯性,老师会在学生说出问题之前询问学生的问题是讨论类型还是理解类型,对于后者,老师会回答,而对于前者,老师会让学生等等,之后根据情况回答,借此来保障欣赏文学作品时的连续感。在国内的语文课或者其他文科课上,我并没有看到有多少学生能够提出问题,基本上整节课都是老师一个人的世界,有的时候一个学期下来也没有多少学生能在语文课上提出什么问题。不过,中国的学生在理科课堂上提问题的活跃度就要大于美国学生了,这也正是两国学生的不同特点,我们在大学之前的理科学习能力是要比美国学生好的,但是这也正是需要两国学生相互学习的一方面,毕竟问题的提出才可以体现思想开放,展现学生在这门课的造诣,是学习中十分重要的一环。

在我第二天来到英语课堂时老师给全班学生开了个玩笑。上课刚开始,老师就说:“今天我们要进行一场小测试,现在你们如果有任何关于这本书的问题,提问吧。”然后顺手拿出一打试卷,学生听到之后还是很震惊(美国的老师偶尔会搞这样的突然袭击,但是不多,大多数小测试都会提前通知),先是跟老师争论,说“没提前通知”“什么都不会”之类的,班里还是有几分小混乱,而老师都只是笑笑,但是随后学生还是都纷纷提出自己的疑问。当老师回答了所有的疑惑,发下试卷之后,才知道所谓的测试只是老师在吓唬学生,那只是一张作业纸,教室里充满了无奈的笑声,毕竟遇到这样一位奇葩的老师也是不容易。但是我觉得老师的这种小威慑还是有它相应的作用的,这种小波折一来可以锻炼学生提出问题的能力,二来可以了解学生的知识掌握情况,三来可以活跃课堂气氛,提高学生的注意力,还是挺有美国“语文课”的特点的。这一张作业纸将承载学生的研究性学习作业,这种研究性学习作业也是美国教育中比较传统的一种作业类型:老师要求学生用一周的时间自主阅读任意一本文学书目,选择任意方面进行研究,写成一篇短的研究报告。应该说我个人是很欣赏这样的学习方式的,因为这样一份作业能够锻炼学生的多种能力。做一份研究性学习,仅凭这一本小小的文学书肯定是不够的,这就要求学生查阅大量的课外资料,比如书的写作背景、作者的人生经历等等,能够很大限度地扩大学生的知识广度。除此之外,这种类型的作业也能够锻炼学生捕抓重点的能力、总结整理的能力、阅读能力和写作能力,既达到了练习英语的目的,也提升了学生的综合素质,同时也充实了学生的课下生活。这说明美国人对于教育的注重点和对于学生的要求都与中国不同。中国的教育也应该多加入一些类似于这样的内容，少一些枯燥单纯的题目，让学生尽可能多地接触课本外的其他东西，而不只拘泥于课本。

王若涵（第二排右一）和美国伙伴在一起

总体来说，美国的文科课堂还是有它自己的风格的，和国内的文科课堂也有不少不同。我不好评价两国的课堂和教育模式谁优谁劣，应该说两种教育都有自己的优点和缺点，也都有值得对方学习的地方。一般来讲，我们国家在大学本科之前的基础教育的综合水平是要优于美国的，但是美国在本科以上的稍高等级的教育方面就要比我们强了，两个国家现在也都已经认识到了这一点，开始互相学习，弥补自己教育模式的缺陷。在文理科方面，中国高中学生的理科水平应该是要比美国高中学生的略高一些的，但是对于我们的文科教育，我认为还是有很多方面可以借鉴美国的文科教育方式。国内现在争议比较大的也是文科教育，有些人觉得中国的文科教育束缚了学生的思维。其实，中国面对人口众多这样一个基本国情，教育这几年进步这么多已经很不容易，毕竟想要保证这么多人接受良好的教育，提升人口素质，并且从中培育出国家需要的人才，难度确实很大。当我们将中美教育进行对比的时候，不少人将中国教育全盘否定，把美国教育夸到天上，其实是不理性的，只能说美国教育在某些方面的确有它的优越之处，有很多地方值得我们学习，但是也有它自身的缺点，况且我们自己的教育制度其实也有它的合理、科学和优越之处。毕竟我们和美国的社会、国情都有所不同，美国的一套教育模式如果全盘搬到中国，也未必能够起到积极的效果。因此，我们应该全面地分析我们自己的问题。当务之急,不仅是要学习别国教育制度的可取之处,其实更重要的,是要找到最适合我们自己国家教育现状的制度并落实,这是国人和社会对教育工作者的要求,同样,也是对我们新一代青少年的要求。面对将来越发激烈的国际竞争,新型人才将受到越来越多的青睐,我们的制度能够让什么样的人从中受益,能够让什么样的人从中脱颖而出,会成为决定性的问题,这将决定着我们在未来社会中的竞争能力。

点评:学霸眼中的中美教育(任兴华)

如果要说起学习成绩的话,王若涵可要算是首屈一指了,但在这次"中美青年大使"活动中,我看到了这个学霸在学习之外的闪光点。第一,出色的组织能力。在中美文化交流展示的时候,王若涵担当起了主持人的角色,在他有条不紊的安排下,整个展示有序进行,美国小伙伴对中国的文化连连惊叹。第二,就是他的"铁汉柔情",在美国期间,有的同学因为水土不服有些发烧,王若涵当天晚上给他泡了一包药,看着学霸给其他同学亲自泡药,不由得对他有了一个全新的认识。

王若涵用了大量篇幅介绍自己眼中中美教育的不同,亦给我以启发。国内升学压力很大,高考指挥棒的威力仍未式微。家长基于自己对国情的认识、生活体验和职业评判,几乎无一例外地希望孩子高中三年拼上命,上一个好大学。这是无可厚非的。可是真理只要再向前走一步就会变成谬误。涸泽而渔、拔苗助长的荒唐事,如今大行其道。以牺牲学生学习兴趣、发展潜力,乃至身心健康换取成绩,以期孩子有个好前程的做法屡见不鲜,而这些都被冠以"为了你好"的名头。我想问一问,我们到底是诲人不倦,还是"毁人不倦"呢?

感言:学霸"纵横"(朱小棣)

任老师介绍王若涵同学是"学霸",我还真没能从文章中看出来,可见是个修养不错的好孩子。关心照料其他同学,更是文章以外的花絮。倒是从任老师的点评中可以反映出国内同学关系的某种"常态",似乎像这样能够关心照料同学的"学霸"不多。我也因之希望能够从此见到"新常态",也就是让

“学霸”都能够热心关心其他同学，使之成为一种“新常态”。

接下来我要从本文出发，说一说我的一己“独特”感受。俗话说，过一过二不过三，连续看到三位同学的文字里，不断写到对于中国所谓大国国情的谅解体谅，我真的是有点儿惊讶了。一方面，我为这些孩子的成熟理性而宽慰，欣赏他们的认知水准和不偏不倚的客观态度；另一方面，也为这种少年老成、四平八稳而感到无言的悲哀。在这些孩子身上，哪里还能找得到少年毛泽东当年指点江山、激扬文字、挥斥方遒的身影，又哪里还能寻得着鲁迅的笔墨、周恩来的胸襟。如果一种教育制度下的学霸，都只会如此“柔肠”，整个社会的钢骨与民族的脊梁怕是会有“寸断”的一天。

好在同学们的观察都还算仔细敏锐，因而能够捕捉到具体现象，细加分析，各自得出自己的结论。王若涵同学特别关注到两门文科课程，世界历史和语文，后者在美国也就是英语。王同学观察到美国高中文科课程的阅读量之大，以及课堂教学中的讨论和观点交流，并将它与新型人才的培养和创新能力的提高挂钩，实在不无道理。姑且算是一个大胆的假设吧。

而另一方面，虽然文中多次称道中国的理科基础教育，却无意间显露出科学思维的基础并不扎实。许多同学从一开始，就把自己亲眼观察到的一所美国课堂中的所有现象，当成是美国教育的普遍现象，这就难免会落入盲人摸象的危险境地。仅以电脑使用为例，虽然这所芝加哥地区的中学允许学生在课堂上使用手提电脑，而且还由学校提供电脑设备，但并不是所有美国高中都是如此。就连全美享有盛名的波士顿拉丁学校（美国历史最为悠久的公立中学，每年被哈佛大学录取学生数目全世界第一），也没有给学生们配置手提电脑在课堂使用。

科学头脑和理科教育的一个最基本的原则，就是要有数据支撑。随便就把一个具体观察实例当成普遍现象，恰恰往往是文科生的通病。不止王同学一个人，还有很多同学好像都把学校提供给每位学生手提电脑当成是美国高中的普遍情形。这恰恰反映了国内理科教育中的思维方法训练上的某种不足。

对于美国文科课堂，王同学所经历和描绘的，依然基本上是正确的。以我在美国长期生活近三十年的观察来看，他确实是抓住了中美高中阶段文科教学的许多根本不同。尤其是对教材的选用和课堂授课方法，他的描述均很传神，也完全令人信服。

只是我还想要补充说明一点。四十多年前我在中国上中学时，语文教学并不像今天这样。我有幸在中学体验过三位当时我们学校里最好的语文老师分别给我们班授课。一位教师拟有完备的教案，每节课都会板书写下密密麻麻的内容，甚至要擦去然后重新书写新内容，如是者三，我们都来不及做笔记。而另一位名师，从来不写教案，每堂课，海阔天空，很少涉及教材上的课文内容，基本上都是补充故事，说得天花乱坠，让人崇拜。还有一位教师，介于二者之间。三种教法，同样使学生受益，各有利弊不同而已。今天，我已不记得其中任何一位的任何具体教学内容，只记得曾经有过三位好老师。或许也可以将他们称之为“学霸”或曰“教霸”吧。认识到他们的好，不同的好，这一认知，才是我今天最大的收获。这既是对教育目的和手段的深刻反省与领会，也足见所谓中美教育异同也只是相对的，有着巨大的时间变异，我们切不可作茧自缚，也不能把目前国内语文教学的普遍现状当作是一成不变的传统中国模式。在我看来，当今国内语文教学的具体实践，很可能只是上百年来中国语文课堂教学历史长河中的一种异数与怪胎。

我的美国之行

白书玮

芝加哥时间 2 月 10 日晚 7 点左右，我到达了西莱顿高中并随同克里斯蒂安及其家人来到了他们的家，开始了一段赴美之旅。这篇文章我将在社交礼仪、家人之间的关系、学校生活等方面展现我的收获和中美文化的不同。

礼仪问题：美国人很有绅士风度，无论是外出还是在校内，我们都享受着接待小伙伴的开门服务，尤其是我的伙伴，几乎每一次需要进门时，都会抢先给我开门，这也令我们在后来的几天争相效仿起来。文明礼貌不仅体现在各个小伙伴家庭中，更体现在全美国，给大家分享几段经历。

由于飞机故障问题，我们被迫在阿拉斯加降落，在那里我们自由组织购物，游览当地小镇。大家都知道，阿拉斯加是美国唯一一个免税州，原因就是那里的经济萧条，人们都很穷，但在那里我却体验到美国人民的极高素质和修养。小镇不大，被几条纵横交错的马路分割成大小不等的矩形，马路不多但很密集 ，几乎每一个街口都会有信号灯。初到美国，我们对这里的信号灯变化还不太熟悉，于是就出现了几次闯红灯的现象(这里人行道处的红绿灯在变红后会不停地闪烁，其实还是可以通过马路的，但是在白灯闪烁时却是不能通过的)，但是开车的人即使是在我们闯红灯的情况下也会停下，给我们打出让我们先通过的手势。在没有交通信号灯的时候，无论在哪个州，汽车一定是让行人先行的，这样的情况在国内实属罕见。

美国人不仅在交通礼让方面做得好，还非常有耐心。当飞机在上海确定不能起飞时，飞机上传来一阵嘘声，但仔细听一听，这些抱怨的声音几乎都是中国人发出来的，而外国人正在有条不紊地整理东西，有序地下飞机。还有一次是在回国的飞机上，在飞机降落到地面开始滑行的时候，有些国人就开始迫不及待地收拾行囊，更有甚者，在乘务员多次提醒之后还不肯回到座位上坐好，但是外国人却很安静地在座位上等待安全带指示灯熄灭后才肯起身。飞机上的这些安全问题和注意事项并不能反映出美国人的高素质，这是乘客搭乘飞机时必须遵守的基本准则，但是我们却没有做到。这并不是别人做得好，而是在某些方面，我们做得太差了。

但是有一件事让我很惊讶，在第五大道的时候，我看见有不少外国人(由于长相相似，这里并不能确定是不是美国人)都闯红灯，这与我们听说的不同。第五大道是美国乃至世界各大品牌高度集中的区域，但是这里却是我们发现闯红灯现象最多的地方，几乎每一个路口都有几十人参与闯红灯，这令不少中国人也“入乡随俗”起来，也使我们找到了家乡的感觉。

家人之间的关系：初到小伙伴的家，就有一种温馨自然的感觉。小伙伴带我去了他们家的地下室，他说这是他最喜欢并引以为豪的地方。地下室不大,但却很明亮,是供他们一家人休闲娱乐的最佳场所。一天晚上,我问他周末一般都做些什么,他说陪家人和学习。他把家人放在了首位,其次才是学习。我能想象如果我问中国学生同样的问题,他给我的答复一定是把学习放在第一位。并不是中国的学生爱学习,而是中国的孩子忽视了与家长的交流。美国的学生恰好相反,他们很重视与家长交流这一环节,所以我并没有看到我的小伙伴与家人产生巨大的代沟,他们的关系是建立在平等交流的基础之上的。他的家长和他喜欢不同的球队,玩相同类型的游戏,这种和谐的局面,在我们这里很少见到。我们与家长一谈话一定是关于学习的。

最后一天,我们回来得很晚,并且小伙伴又一次违约迟到,大约晚到了一个小时,回家的时候已经大约 11 点半了。他的妈妈很着急,当我回到房间后,他的妈妈把他单独拉到卧室,谈了好久,但是并未发生争吵的情况,而是很平静地交谈。谈完了就没事了,他没有和家长怄气,依旧会和家长开玩笑,和往常一样商量第二天的早餐吃什么,依旧会说晚安。这样良好的关系一定是经过长时间的良好沟通所形成的产物。

学校生活方面:美国高中的学校课堂气氛要比中国的活跃,但是让人感觉并不是纪律不好,而是很轻松。课堂上老师并不要求同学们坐姿端正,甚至坐姿可以很古怪,在某些课堂上还可以吃东西,只是要做到不说话,但是不难看出学生们的思想从未脱离过课堂,每一个人都很专注。给我的感觉就是,美国学校在纪律方面管得不是很多,但是管得很严,不让说话就是严禁在课堂上说话,即使是以正当的理由说话(例如借学习用品等)也是不行的。所以在美国上课是很安静的,不会有人故意或无意地去扰乱课堂秩序。在中国,老师从小就要求我们的坐姿要全班一致,不许以放松的姿态听讲,要遵守课堂纪律,但是并没有在这些方面上做到严格要求。结果就是在中国高中的课堂上,学生们并没有做到坐姿端正,而且忽视了最基本的课堂纪律问题,老师还会拿出时间去维护课堂纪律。

我曾经在百度贴吧上看到一篇评论美国人时间观念的文章,它的大体意思就是美国人讲究按时到,不像中国人讲究提前到。举个例子:如果美国人说 10 点到,那你最早 9 点 55 到,不能再早了,应该刚好 10 点的时候到是最合适的,如果是聚会的话最多提前十分钟到。这是文章里对于美国人的看法,但是我观察到的却不全是这样。或许正是因为美国人的卡点到,所以才造成了各种各样的迟到。我和我的小伙伴几乎每一节课都会迟到,每一次都是等所有同学都坐好了以后才匆忙赶到,但是好在并没有影响其他同学的正常听课秩序。

美国的老师都很和蔼。从他们在课堂上的表现或是课下与学生交谈的语气和神态可以看出,他们对待每一个人都是公平公正的,并没有像中国的某些老师那样,只青睐那些学习比较好的同学,在分配任务时把机会只留给排名比较靠前的几个同学。美国的老师都有自己独特的教学风格,但是即使是相同的科目也会有不同的风格,有的老师喜欢在课堂上开玩笑,有的则不会。有一次数学课后,我问小伙伴为什么你们的数学课这么沉闷,一点都不活泼,他说这是习题课,习题虽然简单但是教学内容却是很紧张的,因此没有时间去开玩笑,在这种课上开玩笑只会影响教学进度,适得其反。美国的老师对于自己要求过的事情很严格,他们不会像中国的老师那样让没完成作业的同学站起来,在全班同学面前进行批评,而是让那些同学在课堂上去完成自己没有完成的任务。或许这就是美国高中的处罚方式——没有完成任务的人没有权利学习当天的内容。

学习方面:美国的高中实行选课制,就是在开学前先让同学们根据自己的兴趣爱好,选择自己在本学期想要学习的科目。选择科目的多少可根据自己的实际情况决定,所以大家的学习热情高涨,愿意接受课堂内容。如果说自己本身对于学习没有太大的热情,可以不选择文化课,类似中国的艺体生,可以全天候地进行体育或是艺术专长训练。

对于选择文化课的同学来说,课间时间要用来“跑堂”,这正是中美教学的差异之一。美国初高中都实行这种上课制度,学校的教室都一一对应专门的科目,例如数学教室、英语教室之类。学生们在周末会收到下一周的课程表,然后会根据课程表上的课程安排去到相应的教室上课。这样的上课制度会使学习时间变得更加紧凑,也不会使同学在课间进行过度娱乐活动,从而分散上课精力。

课堂上,同学们并没有像我想象中的活跃,但是每个人都会认真听讲。心理课上,老师叫起的每一个人都会有自己的答案,师生互动还是很流畅的。当他们进行小组讨论时,只有极其个别的小组没有讨论老师所布置的内容,其余的大部分同学都在很认真地讨论问题。而在我们班，这种小组讨论时间正是同学们打开话匣的时候，每个人都在滔滔不绝地说着自己感兴趣的话题，丝毫不顾忌老师布置的任务，这方面我们确实应该虚心改正。

白书玮和美国伙伴在学校

白书玮同学(后中)的书法说出了中美学生的心声

一天晚上，我有幸可以和小伙伴一起做作业，休息过程中正好聊到两国学校的作业布置情况。他说他们晚上的作业都是以巩固基础或是复习当天所学内容为目的，并且大都是通过电脑完成的，老师会把大部分练习题发到网上，然后学生们会以电子邮件的形式收到并完成，老师对作业的完成情况相当重视。在他做作业的时候，我仔细观察了他，他并没有像许多中国孩子那样戴着耳机学习，也没有聊天或是发短信，而是目不转睛地盯着电脑屏幕进行学习，两个半小时内补了好几天的作业（由于参加本项目而耽误了晚上的学习时间），效率非常高。这方面也值得我们学习：在学习的时候不要分心，专注于应该干的事情，增强自制力。

经过几天的美国体验，我看到了一个无法从书本和资料上了解的美国。虽然没法回家过年，但是我却带着收获和美好的回忆回家。我深刻地感受到了美国人的热情、文明和专属于他们的智慧。这，就是美国。

点评：从细节中体验美国文化（任兴华）

白书玮在平常是一个学习努力、人品优秀、做事踏实的学生。在美国游学期间，他还体现出了出众的自我管理能力和热忱帮助他人的好心肠。短短几天的交流时间内，他在与美国同学上课学习的同时，还积极地参与到他们的日常生活中，尤其注重与他们的交流，从而更深地体验和了解美国文化。同时值得一提的是，他还记录总结了许多礼仪问题，更加体现了他细致的观察。白书玮也提到了家长和孩子的交流。相信每一个青春期的孩子都遇到过不愿搭理家长的情况吧。大家有没有想过这是为什么呢？我觉得很重要的一个原因是孩子年级越高，家长的紧迫感就越强，就越是变得“急功近利”。家长过于关注成绩而忽视孩子丰富的内心，谈话内容单调乏味，孩子不愿开口也是人之常情。

感言：解剖麻雀（朱小棣）

终于看到一篇比较就事论事、从具体观察入手、不怎么急于归纳总结的文字。乍一看，有些鸡零狗碎，报流水账，反倒有些像许多美国孩子的作文。记得我刚到美国时，曾听一位国内来的留学生向我吐槽美国中小学生作文水平。他说，美国孩子的作文很少总结拔高，罕有理论升华。如果要让他们写一个苹果，他们绝对会从苹果外形入手，观察分析，各有所思，但却不会像中国孩子那样，一定要说苹果丰收如何不易，要如何珍惜劳动果实云云。在中国，要是哪个四五年级的小学生还只会说苹果香甜好吃，而不引申劳动意义等重大命题，一定会被认为是脑残。

后来经过仔细观察，我发现这确实凸显了中美作文训练的差异。美国教作文，一方面不引导，或者说不逼迫孩子引申挖掘重要意义，另一方面，又特别坚持行文范式，绝对要求作“八股文”。起承转合，字字必须有来历，段段要求首句为纲，纲举目张。段落之间，也绝不可以天马行空，必须和前后段落相呼应。而我们自从毛泽东提倡反对八股文，反对学生腔，甚至反对“党八股”以来，作文教学向来都是破除形式框框，却又重视引导思想升华，最终总是想把学生引上“正确答案”。其结果，往往就是造成人人说谎，从小就知道要说套话，其实是在思想上丧失独立，丢掉了自己的脑袋。为此，我曾戏言：不是“人生识字糊涂始”，而是“人生作文糊涂始”。

再来看看白书玮同学的这篇文章。除去引言和结尾语，分别框架在四个范畴内，先从礼仪入手，言及子女家长关系，再到课堂秩序和纪律以及课外作业的完成，具体入微，娓娓道来。没有太多的家国议论，基本上只是站在一个普通中学生的立场，如实禀报所见所闻。当然，文章的结尾，还是让我们见识到了具有中国特色的升华与闪亮。

美国高中课堂真的很轻松吗

邢天琦

初中二年级时，我曾跟着学校的队伍前往位于美国康涅狄格州的斯科菲尔德·马格尼特中学进行交流访学。那会儿我的心思基本用在对新环境的好奇之上了，深入思考不多，自己的实际收益也很有限。今年，因为有了明确的目标，加上充分的行前准备，我这一次在芝加哥东莱顿高中的访学可谓是满载而归，收获颇丰。那么，我就先谈一谈这六天的交流中对学校的总体看法。

安保措施

对于交通安全的保障，我观察到的主要可以由以下几点概括：安全教育、法律保障和司机的素质。诚然，在国内，学校也会分发安全教育书籍，每年定期组织安全教育竞赛等等，但是相比于美国学校对安全教育的重视程度，我们还是差很多。中国的学生还是把学习课业知识放在更重要的位置上，而淡化了安全知识的重要性。就像现在各大论坛上说的一样，在中国小学给小学生灌输知识时，美国小学生学到的却是如何保护自己。对学生安全的法律保障在东莱顿中学也得到了充分地展示。学生上学、放学期间，学校大门外的马路上会安排佩带警示标志、手拿停车标志牌的交通协管员，放学班车停靠的路口也会安排交通协管员指挥交通保障学生的安全。很多好莱坞巨制中的飙车镜头使我以为美国人开车一定十分凶悍，但实际上并不是。大多数美国司机开车都喜欢开到较高的速度，这倒是真的，但是每一位美国司机的心中仿佛都有这么一句话：永远都是车让人。所以不管这个司机要赶着去办多重要的事，当他发现车前面有人时，一定会缓缓停下车，静候路人通过。

对于教学楼的设计，建筑师也考虑到了安全的问题。据我所知，芝加哥并不处于任何大型地震带上，但是学校的楼房仍然只有两层，并且楼梯间非常宽敞，台阶坡度很缓，平时不许师生使用的紧急通道多达十处以上，这也是对我触动很深的一点。

学生教育

多数团体的交流活动通常把参与者集中安排在同一课堂中学习对方课程，这会导致学生被迫学一门也许并不感兴趣的学科。但是我们所访问的东莱顿中学提供给我们所有的课程资源，我们可以查询每天的课程表并选择自己喜欢的课程去听课。这样的安排，我个人认为是非常好的。刚好这几天的课程也是我真正感兴趣的，对于课上老师教授的东西，我都非常乐意去理解并吸收。

对于美国高中的课业安排，我想大多数的中国高中生都有较大的误解，这里做出两点说明。第一，美国高中生的课业压力并不像我们所想的"比较轻松"，其实东莱顿中学的学生普遍还是蛮拼的，他们每天都要写大量的学术研究报告，准备高考。学校基本不留习题性作业，但是想想看，是做一张卷子容易还是独立完成一个课题研究并写出论文容易呢？第二，在美国高中不存在第一天忘交作业，第二天补交仍然得到作业分的情况。如果你的作业没有按时交上，老师不会接受你的任何解释，一分作业分都不会给你。而美国大学招生原则中，学生的高中平均成绩非常重要，这意味着一次作业疏忽也许就导致学生与名牌大学无缘了，所以美国高中生的课业压力绝对不比中国高中生的小。

记得在小学时曾看过一本叫《窗边的小豆豆》的书，这本书记述了作者小学时期的点滴生活。书中小学生的上课方式很有意思，校方将学生需要上的课程名称提供给学生，上课的时间顺序由学生自己安排。这一次东莱顿中学之行也让我见到美国高中与此的相似之处：学期开始之前，每个学生都会收到几种不同的课程安排方案，每个方案中包含同样的课程，唯一不同的是上课的顺序，学生可以根据自己的喜好，采用最适合自己的方案，进行"走班"上课。让学生自己选择课程安排方案的好处，就是课程安排真正适合每一个学生，从而使教学更高效。

东莱顿中学的学生十分注重自律和专注，这一点我是十分敬佩的。就拿我的寄宿家庭学生阿瓦妮来说，她的学习场所在起居室内，晚上学习时，父母往往在旁边看电视。在这个如此容易受到干扰的环境下，阿瓦妮一个小时内除了有时短暂和父母交流一下，竟没有抬一下头。我问她为什么不到自己的房间里学习，以便不受外界的干扰，她的回答是："我学习的时候，心思都集中到学习上了，往往注意不到外面的事情了，并且父母有时候会问些关于学校的问题，这样也方便他们。"这种"奇怪"的学习习惯后来在同行的大多数中国同学那里也得到了证实,他们的寄宿家庭学生也是在起居室学习的,这种有些“坑爹”的自律和专注真的值得学习。

高中生的课业压力虽然大,但美国高中仍早早放学,给学生自由安排活动的时间。在美国,个人素质的全面发展非常重要,放学后,学生基本都有丰富的课余活动,学一门乐器,去玩攀岩,有的学生甚至去打工,为的是攒够上大学的学费!这种早放学的形式,真正给了学生自由发展的空间,真的非常好。

对于电子产品的使用,学生、家长、学校的看法都不尽相同,而且这嘴上说的和实际做的也不一定一样,所以我想分别谈一下。首先是学生,大多数学生表示,手机是用来通信的,电脑是用来学习的(东莱顿高中配发笔记本电脑,学生人手一台),少数同学表示玩手机也是娱乐和放松身心的方式之一,但是不可沉迷于游戏,看来美国学生还是很懂事的。但实际情况是什么呢?自习课上,学习完全靠自觉,但是真的有同学管不住自己,低头玩手机。第二是家长,家长对孩子的期望是很高的,所以希望孩子一心向学。但真正落实到行动上的一方是学校,东莱顿高中是这么做的:在校时间不准学生和家长互相联系,无线网络有是有,但是有严格的密码保护,公共无线局域网全部屏蔽掉,并且发现玩手机的现象后,直接通知家长进行教育,这种可谓是“极端苛刻”的做法把学生玩手机的可能性降到了最低。最重要的一点是学生家长完全赞成这种方式,这样就不会产生矛盾,教学工作便可顺利进行。

此次访学后,我希望分享的事情数都数不完。我认为这一次访学最大的价值在于我们更深层次地了解了美国同龄人的生活、学习和思想,这对以后我们走出国门、进入美国的大学进行学习和生活有莫大的帮助。还有一点是我们可以借鉴美国同龄学生好的学习习惯,使我们更好地适应美国学校生活,在对学习技巧的摸索探求上少走弯路,以便将来更快地融入到大学的学习生活中去。最后,感谢安生文教交流基金会给我们提供了这一次珍贵的交流访学机会,感谢带队老师一路上对我们的关怀照顾,感谢东莱顿高中师生的热情接待和帮助,谢谢大家!

邢天琦和美国朋友

点评:独具慧眼的数学课代表(任兴华)

邢天琦担任我们班的数学课代表,平时思维独特,并且注意细节。除了数学学得好之外,他还参加全国地理奥赛并且取得不错成绩。在别人都为当时美国地面厚厚的积雪以及由于校车内外较大的温差而形成的车窗上的水滴惊奇时,他却能观察到校门口的协管员。当我们和同学畅聊着上下楼梯变换教室时,他却能注意到楼梯间非常宽敞、台阶坡度很缓这种细节,而他对于这些细节的观察也为他带来了不小的收获。

感言:超越数字的成熟(朱小棣)

要不是任老师指出邢天琦同学是数学课代表,我自己是绝对不能从他的作文中猜出来的。不仅一反我过去对数学课代表们通常的印象,而且最令人吃惊的是,他虽然没有直接提到数学课,却首肯美国高中课程并不轻松。一般人通常认为我们国内数学课的难度远远高于美国,所以一个担任数学课代表的数学才子,很可能更容易轻视美国学生的数学能力。可是这位课代表,却给我留下了深刻印象。

任老师说邢同学观察细致入微,视角独特。我从他的观察中倒是体味到了一点儿数学的“韵味”。他对楼层与楼梯的观察，特别是对紧急通道的计量，可以算是打上了数学课代表的烙印。但是他更多的观察还是远远超脱数字的局限。例如他对美国校方重视交通安全的观察以及对于手机、电脑在校使用的政策规定的描述都很全面。尤其是对美国学生家庭作业的布置与完成，内容与时限，场地与自制，不仅深入观察了，还和其他同学对比交流了，然后才得出比较肯定的结论。这也算是比较有严谨科学头脑的一个例证吧。

也许又是出于对数字的敏感，他竟然一下子就领悟到美国高中生学习生活得不轻松，写出了这样的句子：“而美国大学招生原则中，学生的高中平均成绩非常重要，这意味着一次作业疏忽也许就导致学生与名牌大学无缘了，所以美国高中生的课业压力绝对不比中国高中生的小。”或许，一次作业迟交，问题还不是太严重，但任何一门功课的学期总成绩不够优秀，的确就有可能让一个学生与名牌大学绝缘。

我最近刚刚参加完一个专业会议回来，亲耳聆听了加州大学系统好几个分校的招生官员同时用实例介绍的下列故事。有一位考生，平时成绩不错，九年级时还有一门B，十年级就已经是全A了，十一年级几乎修的全部是大学预修课程，也几乎全是A。唯独有一个学期有一门课程，考生在填写报考材料时表示没有成绩，也没有在报考作文即个人陈述中加以说明。结果就是所有分校的招生官后来都发现，那门课的成绩是F。我会后询问这个学生最后的去向，答复是很可能是已被某个分校录取，但又最终被拒，理由是企图蒙混过关。这个例子生动地说明了美国高校招生的严格，既证明每一门课的成绩都很重要，更告诉人们一定要坦诚，只有主动说清楚了原委，才有可能获得谅解和第二次机会。

回头再来说说邢天琦同学的作文。最使我惊讶的是，他在结尾处写下了真诚的感谢，长长的单子，包罗万象，谢这个，谢那个，缓缓道来时没有一丝哗众取宠的心态。这份感激，这份真诚，将会引领他走向更为成功美好的人生之路。

美国人的家庭教育

郭雅琦

我的临时家长

她，金色的发，垂在肩膀。见到我，就提过手中沉重的袋子。我被她的三个孩子簇拥着，她则走在前面，时不时会回头一笑。所以，她给我的第一印象是慈祥。

到那儿的第一天，下小雪，灯光洒在地上，地上的水光衬托着安静宁和的夜。此时的心应该是静谧的。可是我的心却是火辣的，紧张的。我告诉他们的第一句话就是："对不起，我的英语很差"。我已经顾不了自尊心，或者所谓的面子。强烈的自责、焦急、紧张已经让我无法呼吸。她只是热情地笑着安慰我："英语是你的第二语言，这种问题不是问题的。"然后表现出在意料之内的样子。这种样子，似乎让我找到了安慰，一个港岸，让我去停靠——在这个陌生的国度里。我所带给他们的失望似乎已经被他们所预料到，以至于消失。现在想起来，一句安慰，是她的第一堂课。永远有最坏的结果，勇敢地面对并给予他人力量。那句安慰可能只是一段友善的讲礼节的安慰，但是却在以身作则，用最好的方式教给了我们道理。

她的家庭不算贫穷，她却异常节俭，这种节俭不仅仅像一些中国的妇女那样，只对自己的衣物节俭，她的节俭，是蔓延到身边人的节俭。我对这点的发现源于我们一起去购物的时候。商场中陈列着各种各样的肥皂，有不同的形状、不同的香味、不同的颜色、不同的功能。这不得不让人心动，但是残酷的价格，却不得不让人望而止步。看着女儿的苦苦哀求，她没有丝毫心动吗？她只是满脸惋惜地看着她们，惋惜中流露出慈爱。我想，她也有过心动，但是有一道底线，有一道原则，在制约着她，让她不得不把这底线、这种教育原则原原本本地体现出来。也许是这种原因，她女儿们的生活也异常节俭，性情也是格外体谅懂事。知道有一道原则是永远不能逾越的时候，也就习惯了，遵守了。

她的眼睛，是我最难以忘却的，那曾经是我寄宿时期的噩梦。她的眼神可以流露温柔，但也同样流露出你不可抗拒的严厉，对于她本质合理的要求，你是不可争辩的，只有妥协。但是对于我们的要求，她表现命令的方式仅仅只是通过眼神，她从不会用语言或动作来表示。她会用期待、严厉的眼神一直看着你，直到你开始执行。在此我想说一件关于我与她的小事例：因为我入住了外人家，我更习惯把所有的个人物品放在自己屋内，这会带给我安全感。所以第一次回家时，我仅仅把外衣整齐地放在门口，准备把手套和围巾放回房间，但是却被她制止了，理由很简单，这些是小物品，不会有财产安全问题，而且只用于出门时，放在门口不会丢失不见，不会忘记，而且更有条理、更加方便。起初我选择拒绝，但是她会重复一次她的要求，微笑着用严厉而期待的眼神看着我，这使我不得不服从。这是怎样奇妙的方法，可以用温和的方法，达到目的。如果换作中国父母，又会使用怎样严格的方法呢？或许对于家里所谓的客人会任由其做任何事情，对于自己的孩子会厉声训斥。这让自家孩子觉得不公，也从小与家长有了隔阂。

美国的家长善于和孩子交流，孩子在有一个愿望、一个想法时，他们会询问家长的意见。如果家长答应了，家长会履行自己的承诺；如果家长想要拒绝，家长会很抱歉地对孩子说不可以，并告诉孩子原因，孩子也会很体谅家长，有时还会安慰家长，说没关系的。

这些现象在中国常见吗？这值得我们沉思。

美国孩子的爱情

对于这个话题，我不知道该用什么方式，从何说起。美国孩子的爱情和中国孩子的爱情有所不同。这种不同归根到底就是孩子的家长和学校对早恋的看法不同。中国强烈的竞争环境使人们不得不尽力争取更多的时间投入在学习中，会控制情感和行为的早恋自然无法在中国萌芽。走在美国的校园中，难免会感到尴尬。到校的第一天，和寄宿家庭的朋友打开一扇大门时，映入眼帘的是一个男生猛地拥吻了另一个女孩。一瞬间，我愣住了，有些不知所措，在朋友们的拥簇下，才勉强拐弯到了走廊。我不敢因此断定这就是美国孩子的爱情，也不好意思向美国朋友询问。放学回家，朋友将要开车的时候，她们突然向窗外兴奋地招手，顺着她们的目光望去，我看到了一个长相酷似亚洲人的女孩，女孩身边站着一个男生，个子高高的，正准备帮女孩把门打开，他们看到我，很自然地一笑，并向我挥了一下手。然后朋友继续准备开车回家，我仍然看着那对男女学生，女孩幸福地仰起头，向男孩索吻，男孩也一把搂住女孩的腰，温柔地吻了上去。这次或许是在车里没有被当事人看到的缘故，我一直看着他们，心中难免有些羡慕和悸动。后来，我就早恋这个问题问过美国朋友们，当她们知道中国早恋不被允许时，有一丝不可思议在她们眼中闪过。她们说，在国外这并不代表早恋，对于恋爱对象，也没有必要对家长隐瞒。有时会害羞，但不会害怕被发现。寄宿家庭的女孩也有男朋友，当她的妈妈知道自己的孩子有男朋友时，只是很淡定地问是谁，有时甚至会猜测并说出自己觉得哪个男孩子不错。刚开始时，我曾因此有过羡慕和悸动。但是，想一想，不论是怎样的观念，都有好有坏。不允许早恋，是为了让我们多一点纯真，当真正面临爱情时，会保护自己。

当然，在中国，也不是每个孩子都不会早恋的，但是当我看到身边的好朋友之间因为所谓的爱情没法做朋友形同陌路的时候，当我和从前没机会做男女朋友的人做很好的朋友时，我就开始在家长的引导下躲避。这让我对爱情似乎了解了更多，当真正的爱情到来时，我可以保持着那份少女心，面对着自己说我准备好了，而不会因为小时候的阴影而躲避真正的爱情。

这也不完全是对的，爱是一种情感，如果不用正确的心态面对一直的压抑，这种压抑就会带来强烈的副作用。小时候家长对爱情的压抑，让有的孩子长大以后，面对爱的问题不敢与家长沟通，以至于走上弯路。如果早恋，或许可以在恋爱中找到经验，锻炼责任心，勇于承担自己的选择，不管结局如何，努力地为对方着想。

所以在这个问题上，我认为我们不能一味地追求美国的方式。不论我们最终选择了什么方法，都要坚持下去，乐观面对，为了最终的真爱勇敢追求奋斗。

美国孩子的学校生活

寄宿家庭一共有三个姑娘，最大的姑娘已经学会了开车，你可千万不要以为她有多大，她只不过比我大一岁。在美国，这个年龄的孩子已经可以开车了！这一点我还是比较赞同的，这可以更好地锻炼独立能力。

还有一点，就是美国的女孩可以化着妆、抹着指甲上学。这是一些女孩子向往的吧？化妆代表了她们的成熟，也算是一种面向社会吧。对于这一点，对于本来就打算长大也不化妆的我来说，我实在不知道怎么去夸奖。在我心中，这其中的优点是家长和老师给了孩子空间，但是说实话我并不是特别赞同这一点，相比来说我更赞同国内的方法，化妆确实会分散注意力。爱美之心，人人皆有，学校和家长的规定，反而可以抑制这种不良风气(把注意力主要放在打扮上)。你或许会说有些人会抑制住，但是这好比法律的设定，有的人会抑制住恶念，但是总会有人抑制不住，因此走上不归路。青春期的叛逆，青春期的危险，或许都会在化妆上萌发。如果可以让内涵高于外表这种理念从小根植于孩子们心中，那将会有一种更好的社会风气。

不得不说美国课堂的某些方面远远好于中国。最让人难忘的就是他们上课时，老师讲解得很少，布置的作业是关于要学习的那一课有关的知识。学生们会很认真地去对待，在自主学习进行搜索的过程中，他们可以了解更多的内容，他们会开始思考对于这个问题，哪些因素是影响性的，然后对于这些因素进行探索，再判断因素的影响大小，哪些是可以摒弃的。这无疑锻炼了他们的判断能力。

在课堂上老师经常让学生们交流自己的搜索结果，每个人都有自己的想法，不同的想法在他们彼此的争论及资料搜查后会结合在一起。学生们会把结论提交给老师，老师会对他们的观点进行进一步的分析，这无疑是深刻的。当一个问题融入了你准备了很久的思考时，你就会理解得更加深刻。

另一点就是他们交流时，从来不会向中国孩子那样，时不时地闲聊。这一点是我观察了很久了的。他们会很认真地对待，勇敢说出自己的观点，并且还会质疑。勇于说出观点，就是一种参与和锻炼。老师有时也会发下答案，但并不会像中国老师那样，直接去讲。如果学生不问，老师可能也不会再讲解。在中国难道就没有这种教育模式吗？当然有，但是，为什么这还不是我们的教育模式呢？归根结底，这就是现在学生的素质问题。老师给予时间讨论，但是学生选择的是什么呢？是继续地闲谈，这无疑是会浪费时间的。难道老师会允许孩子们继续浪费时间吗？结果就是以失败告终。

所以，我认为想改变中国教育的模式，先要提高学生素质。

有人说美国孩子的课堂效率很低。如果不对此详细调查，或许我真的会被现实所迷惑。在国内，用三四分钟学习的内容，我们会用一次又一次的考试进行巩固。似乎我们的学习过程就是在建造一条暂时的阶梯并往上爬，如果你摔下来，你还要重新建造。我们可能过不多久就会忘记，但是美国的孩子却会用一整节课来观察某个实验，身临其境。他们去探索解决在实验过程中会遇到的问题，并进行总结报告。一个自己实际操作的过程，让人的印象更加深刻。或许中国孩子能记住两三年的东西，美国孩子能记住十年甚至一辈子。当你站在世界的舞台上和来自世界各地的人对话时，别人说的一些你不了解的东西，或许就是你很久之前学习过的。

有很多人说，美国孩子的压力小，或许确实如此，但是他们的轻松也不是像我们想象的那么好。他们正常的放学时间是下午两点，但是有的学生并不是这个时候就会走的，他们会为高考准备到下午六点。他们的课外活动也不是那么轻松，谁说追求自己喜欢事情的过程就是一帆风顺的？所以，只是不同的压力罢了。

美国孩子的课外生活

美国学生和中国学生都可以做社会实践。说到社会实践，我感觉美国社会把学生做社会实践的宣传做得很到位。记得那次和美国孩子们一起去海洋馆，在参观企鹅的时候，一位美国中年妇女突然向我们热情地走来，向我们介绍起了企鹅。当我们了解了一点关于企鹅的知识后,她指着正在企鹅展馆里的假山上为企鹅打扫卫生的一个人,告诉我们那其实不是工作人员,只是一个志愿者。志愿者经过短期的培训后进来照料企鹅,做一些力所能及的简单事情。尽管只是做一点简单的事情,但是可以这么近距离地接触企鹅也是令人羡慕的。这种志愿活动可以让参与者很好地了解企鹅的习性,长一种见识,学一种本领。由此看来,这种课外活动着实让人受益匪浅。

他们学校也有很多运动队,有冰球队、游泳队、排球队……这些都不是重点,中国的学校也有啊。但是,他们的设施很到位,即使一个不懂这行的人也可以试着接触。或许在接触的时候,就会发现自己从未发现的爱好!这无疑是在为发现爱好创造机会!他们的团队因为学校里的设施很齐全,所以练习也很方便。

周五的时候,我有幸和美国的孩子们一起去观看了冰球比赛,这是两个学校之间的比赛。在中国,这是很少见的,国内的校队只是为了学校到处参加大型比赛,很少会让本校这么多学生欢聚一堂进行娱乐式地观看。比赛现场气氛很热烈:有的冰球球迷把本校队员的头像放大数十倍,然后放在一个大板子上,高举着欢呼;有的会编很多有趣的口号,欢呼呐喊着为本校队员加油。比赛使人们更好地了解了这个项目,也使这个校队真正地被大家喜爱,被大家重视。

美国孩子电子设备的使用

在美国孩子的书包中,装的不像中国孩子的书包一样全是沉甸甸的课本,而会有一台小小的笔记本电脑。在上课的时候,他们会拿出电脑,打开老师在课前早已发给他们的课件和资料进行学习。他们不用做笔记吗?当然不是,他们每节课会发一页纸,纸上涉及了一些情节性的或者其他类型的题目。他们跟着老师的思路分析学习,所以并不用担心他们会因为有了资料而不去做笔记。老师也会要求他们在刚发下的纸上写下课堂上学习的主要词汇,或者做摘要。这远远好过中国孩子因为要做笔记而没法很好地上课听讲或者思考问题。这种电子高科技可以使他们提高学习效率,合理利用时间,节约下来时间做有意义的事情。

郭雅琦与美国老师同学在一起

他们的老师是不允许带手机的，而美国孩子们上课时也会关上手机随身携带在口袋里。他们会利用更换教室的时间检查一下自己的邮箱。出门走远后会用手机向家长汇报一下行踪。虽然有的时候违反了校规校纪，但是违反后的表现也体现了他们对待电子产品的深刻认识。国内则存在校方对手机的管制不够严、学生不够自觉的现象。

总而言之，美国的一些教育方式不是要对孩子进行一时的控制，更多的是从根本上影响孩子对一件事物的认知方式。相比之下，中国确实有点本末倒置了！

点评：关注美国朋友情感的美丽女孩（任兴华）

郭雅琦不是成绩最好的女孩，却在一直努力；她看上去大大咧咧，却有一颗细腻的内心。在她的文章里，我真切地看到了一个女孩心底的专注。她的关注点和我们不同，更多倾注在了外国朋友的情感方面，让我们真切感受到了那些真实的人物。他们的情感、他们的观念、他们的思想皆在其中。我们从中不但能看到真正美国人的样子，而且也看到了一位女孩的认真、钻研、努力。不谋而合的是，郭雅琦和我都观察到了寄宿家庭家长的“拒绝艺术”。也许不能称之为“艺术”，因为家长们只是如实地告知为什么拒绝。没有什么高妙的方法，但是孩子们却能理解、接受，甚至“会安慰家长，说没关系的”，而不是死缠烂打或者索要无度。我想我们应该好好思考郭雅琦之问：“这些现象在中国常见吗？”

感言：敞开心扉说真话（朱小棣）

这是一篇很有趣的文字，真实、灵动、随性，而又复杂、矛盾、敏锐。作者几乎是随心所欲地诉说着自己的观察、诧异以及思考。文字也显得直白、口语化，甚至有些语无伦次，因而比较独特地游离于国内中学生一般作文的范式之外，但却同时打开了心灵之窗，让人可以窥见一个真实的自我。

该篇文字整体水平虽然不高，但却能帮助读者了解作者，这让我想起美国的所谓高考作文，即个人陈述。由于是开卷写作，国内许多学生、家长，甚至是教师们都觉得不可思议。大都认为既然可以雇枪手代笔，个人陈述又如何能够真实反映学生的真实水平？殊不知美国高校的招生官们自有一套办法，甚至可以说是火眼金睛。这里主要的差别，就在于行文的根本目的。

完全不同于平时的作文训练，美国开卷的高考个人陈述是不讲章法、没有八股的。它唯一的目的就是帮助招生官进一步了解每一个考生。最为理想的效果，就是见字如见人，仿佛直接站在了招生官的面前，当面陈述自己是一个什么样的人。当然，并不是每一个人都是可爱的，暴露出面目可憎也是大有可能的。这就构成了二律背反，你越是想要美化自己，就越是可能离真人越远，让人感觉看不清庐山真面目。因而在真与善的统一中，那些招生官们就会遴选出中意的可造之才。

除了上述这两条以外，能够打动人心的故事，是招生官们最为期待的好文章。这就有点像是在写小说，而中心人物就是学生本人，而且还要非虚构。这样的故事，不是外人或枪手可以帮忙打造的。往往越是经人拔高，越是露出马脚。中介枪手，更是容易坏事。万一枪手笔下代笔的两位考生申报了同一所学校，更是要穿帮中剑，双双铩羽而归。

文如其人，人见人爱，打动人心，这三项的自然统一、完美结合，就会使得一篇个人陈述达到预期的效果。而这三者之间，恰恰又是相互制约的。这就成功根除了投机取巧者们妄图投其所好、百般修饰、糊弄过关的可能性，也杜绝了全凭花钱雇佣枪手代写文章的弊端。

郭雅琦的这篇作文，当然不能直接用作美国高考的个人陈述，但其打开心扉的一面，却是一个良好的开端。让招生官听见你的声音在说话，这往往是送给考生的最佳建议。

中美青少年家庭生活对比与体会

傅嘉欣

【一】

其实在寄宿家庭停留的时间非常短。短到有很多东西来不及仔细地品味，那些东西就像眼前抓不住的云霭，感受分明却难以捉摸。因所见大多片面，又只能参照我自身的例子，所以我没法准确地做什么定论。

如人饮水，冷暖自知，我所写的不过是一人之言。

【二】

之所以会选这个话题是因为除了学校的生活和教育，家庭也是非常重要的一部分。美国的孩子更注重自学能力，在家里的表现也往往能起到影响未来的关键作用。

【三】

晨

之前总是猜着国外的孩子总不会有早起的约束，后来发觉是天真了。至少在这里,六点起床是很普遍的事。

睡眼惺忪的时候听见锅碗的叩击声,恍惚间觉得像在家里。

早餐是常见的面包、奶酪、燕麦、炒蛋、果汁、牛奶一类,配上三四种水果,算作一天的开始。

因为住家的姑娘需要练琴,所以她不需要参加第一节课。从六点四十到八点是她练小提琴的时间,有时她的父母会参与,进行旁听、提议或指正。这一家人都热爱音乐,互相濡染,气氛和睦得很。

大概是因为早上时间较为充足,所以相比国内忙碌的清晨,这里的节奏放慢了不少。

国内大早上卡着时间起床、洗漱、吃饭、去学校的情景大家都了解,至少在我们家,这是一天最忙、最累心的时候。我这个在国内根本没心思吃早饭的人到了美国却多少吃了一点,毕竟不用赶路,心情大概也是放松的。

出门的时候有家长照例的拥抱和叮嘱,姑娘会很开心地接受。她父亲开车送我们去学校,车都开出一段了,姑娘的母亲还在挥手。姑娘说,每日都是这样。

其实只是一个动作、几句话而已,但是我身边的朋友和父母大多都不习惯这样做:一是中国人向来含蓄,父母和孩子都比较羞涩;二是对于我来说,能正点出门赶去学校就是挺难的事了,早上普遍很急,完全没有心情在意这些。当然,父母的目送也是有的,只不过时间被压缩得短了些。

暮

这里的高中放学比较早,住家的姑娘会和父亲一起跑步,母亲在家处理家事,然后煮一壶热巧克力等他们回来。

从某种意义上说,又是与国内截然不同的生活方式。

其实我比较欣赏这里课间短、放学早的安排,下午充足的时间可以留给学生个性化发展,一天的时间也变得充实起来。

大约三点半一家人就可以坐在一起吃下午茶:一壶热巧克力、些许酸奶、几个水果。几句玩笑、几句询问间,姑娘就说完了在学校的生活。这点与我在家的情况相似,虽然一家三人聚在一起聊天比较少见。与想象中的不同,美国的父母也会询问孩子在学校的课程,询问测试成绩,而不是放任不管。

剩下的时间留给姑娘完成学校的作业。父亲休息，母亲准备晚饭。

夜

太阳落下的时刻是晚饭时间。

日常的三道菜配上糙米饭，一人一杯果汁。除了没有粥以外，和我在家时的晚饭没有什么不同。

家长基本不在意“食不言”这么个要求，饭桌上气氛很活跃，说说笑笑、评论新闻等等，比我想象中的要轻松一些。

和我在国内一样，晚饭时间最为热闹。一顿晚饭大概花了四十分钟，比起我在国内的晚饭时间长了一倍。在国内总要想着吃完饭后赶快去写作业。对于我来说，缩短吃饭时间意味着延长睡眠时间，尤其是在初三的时候。

饭后，姑娘会练两小时的小提琴，期间父母依旧旁听。

我忽然想起小时候学琴看到的很多例子，家长一脸严肃地坐在孩子身旁听琴，稍有弹错就是一顿责骂。虽然这没发生在我自己身上，不过我们家最终也没养成父母旁听这个习惯。一是家长晚上忙碌，二是他们觉得根本听不懂所以没有必要听。相比之下，我倒是很喜欢这个小习惯，它能够使家庭气氛更加和睦。

在这之后，是睡前一小时的游戏时间或自由活动时间。

被姑娘带着玩棋，我才意识到这种类似的活动已经很久没发生在自己家里了。原因还是因为学业，还有就是长大了总觉得玩这种东西很没意思，有时间都会花在陪亲朋好友聊天上。

十点半，一家人准时休息。

【四】

我想，形成家庭生活不同的原因有这么几个。

第一是因为教育制度和学生日常的不同，这点自然是无法避免的。

第二，在这个家庭中父母工作相对清闲，有充足的时间在孩子身边，一起娱乐、一起成长。我曾经问过姑娘的母亲，比如怎么管理孩子的学习生活。她的回答是，平时会很好地照顾姑娘，洗衣、做饭、洗碗基本都会帮忙；每学期会和各个老师联系一次交流近况；如果平时发现孩子实在需要帮助，也会和老师电话联系。大多数孩子的专业与大学基本是自己申请、自己决定的，父母只是加以引导。我想如果放在国内，父母会帮孩子做不少事情。

第三，对于我来说，会把不少时间砸到和朋友聊天上。周末吃完晚饭，一家三人人手一部手机或一台电脑是再正常不过的事。大概是觉得每天相处，所以不会刻意维系关系。反倒是很多朋友，只有周末才有机会说几句话，所以格外在意。手机对于我来说，从来都不是游戏机，舍不得关机的原因是那一头连着一群舍不下的人。比起美国学生的独立，这大概是一种不成熟吧。

美国的姑娘告诉我，她们和朋友的交流也不过就是偶尔一起去镇上逛逛，偶尔看看电影。她们的成熟之处在于能够适可而止。在白灵顿的学校，课间短得能按时到另一间教室就是奢侈，即使看见朋友也只是击掌和眼神交流。不过她们会举行家庭聚会。父母对子女的交友并不过多干涉，这一点大概避免了很多争执吧。像放风筝那样，半紧半松，信任孩子有足够的能力面对困难而不是为孩子铺好每一步路，这是我十分喜欢的态度。

第四是因为生活安逸。白灵顿的人大部分无需为生活担忧，因此人们才能静下来享受生活。这给了家庭成员很多沟通交流的机会。

第五，国内的很多孩子回到家就会放松神经，对我来说，拖延症最严重的时候就是在家里。总觉得在学校已经尽力，到了安逸的环境里就会不由自主地清闲下来。再加上国际课的压力不明显，往往容易被人忽视。其实美国的孩子并不清闲，住家的姑娘晚上需要学习芭蕾和小提琴，不仅仅是完成作业那么单一。

【五】

家庭能够改变一个人。

在美国孩子的身上看到最多的是那种化压力为动力的阳光。我不太知道国内的孩子身上的那种压抑是怎么来的，但我却真的希望能有美国孩子那样的生活态度。

其实并不难。

傅嘉欣为美国小朋友表演古琴

点评：展现中国之美的“古典女神”（任兴华）

初认识时，嘉欣就好像是从水墨画中走出来的古代仕女，隐隐地带着一份绰约。在美国时，她真正印证了“古典女神”这个绰号，精致的汉服、素雅的古琴，不仅让老外叹为观止，连平时的同学也啧啧称赞。高山流水遇知音，好像在大家眼前泼墨了一幅山水画卷。她生动形象地向老外展示了中国之美。不由地说，嘉欣，棒棒哒！文章中她说到“在美国孩子的身上看到最多的是那种化压力为动力的阳光”，我也很有同感。

感言：阳光女孩（朱小棣）

毫无疑问，这是我目前读到的这批作文里最为自然客观的，也是心理状态最为阳光的。而她又观察到美国孩子身上散发着更多的阳光，而且认为人家是化压力为动力。同时又观察到美国孩子的独立性以及父母的不包办代替、不过多指责。其实，我想这两者之间是有着某种内在联系的。家长越是包办代替，越会过多指责，孩子也越不可能化压力为动力。

傅嘉欣同学也在文中提到这个美国家庭父母不是太忙，对孩子的学业也很关心，母亲还承担了许多家务，但总体来说，你还是能够体会到，在这个家庭里没有那种国内通常的自我加压，硬是把孩子的学习视为头等大事甚至唯一的大事的景象。据我所知，很多美国家庭还让孩子也做一点家务，甚至还有出钱让孩子做家务的。而我们国内的家庭，往往受到“万般皆下品，唯有读书高”的传统文化的影响，尽量不让孩子动手操持家务。我甚至听过这样一个故事，一位留学移民英国的学者，在家信中向自己的父母汇报，说自己的孩子正在长大，小小年龄已经能够帮妈妈烧饭了。写信者的动机本是称赞孩子的成长。万万没想到，国内的父母，也就是孩子的爷爷奶奶，接到信后焦虑不堪，彻夜难眠，最后在回信中指责自己的子女，说：“我们从小到大都没让你干过一天家务，就是为了让你能够全心全意地读书。你们现在做家长，怎么能如此对下一代不负责任，居然浪费你们孩子的时间，不好好念书，去帮妈妈烧饭。这让我们二老看得都吃不下饭，睡不好觉。思虑再三，要郑重其事地对你们提出批评指正。”

这样一种家庭内部人为的学习压力，其实往往适得其反，不仅容易打消孩子的学习自觉以及求知的欲望，而且也不利于其他品德的培养。傅嘉欣同学也注意到她所在的美国家庭，家长在孩子学习音乐方面乐于参与，以及不是那么横加指责。家长对校内课程的学习，也是随时关注的，但并没有过度关注。看得出来，嘉欣同学对此是比较欣赏的。我想，通过这次入住美国家庭的社会实践，这位同学今后的心态一定会更加阳光。而且我相信，正是她的这种阳光心态，使她在美期间能够自然而然地传递中国文化之美。汉服、古琴，她都是进行了自然的展示，非系鲁迅所批评过的那种急于“送去”而非“拿来”的态度。有了阳光的心态，愿意“拿来”，同时也就自然地“送去”了中华之美。

美国课堂、家庭面面观

宋金迪

同龄人的学校生活

历经了九年义务教育再加半年的国际培养，今天的我们，踏入了美国高中的校园。

1. 选课

美国高中实行的是学生自选课程的上课方式。走在校园长长的走廊上，随处可见的是奔走的学生。与中国的学生坐在一间教室里的上课方式不同，在美国学校虽有年级之分，却无班级之别。每门课、每位老师都有单独的教室，同学们根据自己所选课程的不同，在课间更换不同教室上课，年级根本不是问题。随着美国学生的脚步，我跟随他们更换着一间又一间教室，我渐渐感受到美国对个人、对天赋、对兴趣的尊重。

所选的科目也有必修、选修之分，与大学上课方式颇为相似。学生学完基础的课程后可根据自己的兴趣选择学习更深层次的科目。这样的上课方式可以让学生提前练习，在一定程度上适应将来的大学生活。

2. 上课、学习、作业方式

初入课堂，我就看到了被很多国内出国类书籍提到多次的自由的美国教室。教室内的桌椅确实可以随意移动，但其实课堂并不像许多描述中那么自由，也是会依老师而定。在一些老师的课堂上，座位也会像中国那样被规定好；有时遇上比较严厉的老师，学生们也会像中国学生那样小心认真地听课；

而在那些“好欺负”的老师的课上，同学们同样会在课上和老师聊天开玩笑。有时为了课堂需要，学生们会把桌子并到一起或是围成环形。每当有小组活动，我都会看到教室里的桌子被拼在一起。我还记得一节历史课上，老师听说有中国交换生来，为了方便询问我们中国学校的各种问题，就动员全班把桌子围成了环形，与我们展开了一场中美差异的交流会。整个课堂气氛十分轻松，给我的印象是自如但并非自由，大家也是在老师的引导下才一步步展开讨论的，由开始略微的拘谨到后来的活跃自信，中国美国的同学们都一个接一个地开始提问。这要是放在中国，课堂早就乱得一团糟了，但在美国的课堂上却能井然有序地进行。同学们并不是每次提问都会请示老师，但从没有一个人中途突然插话或是在讨论过程中开跑题的玩笑。这种情形在各种教育类书籍中被写了一遍又一遍，其轻松自主的气氛确实让人羡慕，但在中国学校拥挤的教室中，要如何实现呢？我注意到的另一点差异是在课后，全班同学没有一人先行离开，而是一起协力将饱含中美差异的环形桌子整理回原来的样子才各自离开。这一点是令人佩服的，也是我们真正应该学习的地方。这样从小养成的良好素质才是保证学校秩序井井有条的最坚实力量。这大概也就是美国强大的原因之一了。

在平时的课堂上，理科内容的教学方式与中国的类似，都是讲解公式加例题的套路，但课堂容量明显小了很多，那些在我们中国学生看来是秒出答案的简单题目都会被详细地分析讲解。公式在美国都只是工具，算数一类的事情在美国人看来也是可以交给机器做的事情，他们真正注重的是把这些理科的理论放到实际生活中去应用。正因如此，理科的老师会将公式整理出来分发给大家，计算器这种中国老师深恶痛绝的东西在美国的课堂上也是必备工具之一。而文科科目的课堂与中国的却大相径庭。课堂除去部分讲课时间，其余时间，同学们会进行阅读或是对某一问题进行讨论，经常围绕一本书、一个问题就要持续一到两周。这样固然会让课程进展迟缓，若是在中国，别说是家长，恐怕学生都会看不下去，但美国学生却在讲解的过程中渐渐培养起了老师所用的学习、思考方式。美国人的行为思考方式就在学校教学的过程中渐渐传承。

刚走进校门之时，我就注意到学生每人都会带一台电脑上学。问了美国的小伙伴才知道，这是学校给每个学生配备的电脑，仅供学生在就读期间使用。同中国学校一样，这所高中也不允许携带手机上学。我曾疑惑学校是如何控制电子产品使用的，经过了解得之，学校的一切电子信号都经过了严格的管控，学生不但无法将除学校电脑外的一切设施连接到网络，连手机信号都会受到抑制。经过询问，我了解到老师给学生布置的很多作业都是需要在网络上完成或是需要提交电子版的，只有少数情况下，老师会让学生手写作业或发一些纸质练习题，当然，这些作业对中国学生来说就只能算是“少得可怜”了。

再来说说让全世界学生都为之头疼的作业。真是所谓“学好数理化，走遍天下都不怕”，理科内容在全世界范围内似乎都是相同的。在美国，理科方面的作业也同中国类似，老师会给学生一些练习题，但每一次的题量却是太少了。他们更加注重的是对知识的应用与理解，而非是填鸭式地将所有东西一股脑儿地塞给学生记住。看到这儿，你可不要羡慕美国学生，美国同样有不少理科学霸，他们同样会在课外找各种额外习题来进行反复练习。文科方面的作业则与大学作业类似，但经过对美国同学的询问发现他们常常是没有作业的，即使有，通常也会在课上做完；英文课上大家会读书，历史课上则是对问题进行研究。之前提到很多课堂上做的都是这些事。老师并不一定要留文科的课下作业，常常整个周都是某一问题的研究时间，在课上老师可以给予同学一些指导，并展开研究，但还需在课后再下工夫。

3. 教室布置

在之前的文章中应该也不难看出，美国教室的布置与中国的大相径庭，每位老师有一间房间，这既是老师的办公室又是讲课的教室。理科的教室还兼具实验室的功能。在理科的教室里，桌椅都不像中国这样是笨重的木制桌子，大多是固定在地上的宽大塑料桌子，是为了方便做实验。文科教室的桌子多是轻便易移动的，每当有课题研究或是阅读交流的时候，学生们便可移动分组。教室的科技设施也是十分“高大上”的：有些教室是使用中国这样的投影仪的，有些则是使用大的触摸屏的。我所在的学校也是用白板而非黑板，降低粉笔的粉末对师生的伤害。整间教室的设计已经为课堂的气氛、模式做好了充分的物质保证。

同龄人的日常生活

既然是交流计划，就不会让我们单纯只去学校转转，我们同样走进了美国同龄人的生活一探究竟。

1. 家庭中的隐私

在美国，家长都会尊重孩子的隐私并尽可能多地与孩子交流。家长们对待孩子的理念是要尊重孩子、坦诚相对、真诚交流、以身作则。他们会在交流中让孩子感受到家长也曾经历过他的年纪与烦恼，渐渐与孩子形成一种近乎朋友的亲子关系。孩子有问题都会告诉家长，而不是压在心里。每当孩子犯错，家长的观念是：他需要我的帮助。在中国，保护隐私都已经是被用滥了的逃避家长的招数。这也只能说是中国新旧文化冲击中，接触不同观点的两代人产生代沟之后不当处理的产物。

2. 交流与家长教育

联想到中国的历史，不难发现一直以来我们沿用的处理家庭间关系的方法是“顺从”，所谓“臣从君，子从父，妻从夫”。我们一直在用透支美德的行为处理事务，用人情关系来代替规定。中国的传统观念一直以年龄作为顺从的划分标准，而现代我们更需要的是沟通。而我们的前几代人接受的都是传统的顺从教育，在接触来自四面八方的信息时也无法与这些信息良好“沟通”。而在我们这一代，社会发生突变，生活中信息量剧增，很多家长并不能接受这种新的交流式教育，只能使用强硬手段强迫接触了新思想的孩子顺从。在美国，这样的情况并不能说没有，但就我看到、听到的而言，是没有出现过的。他们会在规则方面给孩子约束与引导，但愿意给予孩子更多自己的空间去发现自己的兴趣，培养自己的独立人格。

在我所在的寄宿家庭里，一个很有趣的现象是家庭成员在自己房间很多时候是不关门的，并不会拿隐私作为理由一回到房间就关紧房门。在他们家里，大多数活动都是在客厅进行的，晚上常见的情况就是父母在沙发上看书或是看电视，而孩子就坐在一旁的餐厅学习，就那样旁若无人地做自己的事情，完全不受其他人干扰。有时大家也会抬起头来一起看看电视，讨论一下电视节目或是这一天的生活。但我观察了一下美国的小伙伴,他们只要一把注意力回到学习上,就又会马上变得认真严肃,简直像在双重人格间自由切换。

同样,美国的家庭不会把年龄差异作为区分对待的标准,更没有像中国家长常说的“你年龄大,你就应该让着弟弟妹妹”这一类话语。这样人格上的平等从最基本的语言上就能看出来,英语中“brother”“sister”这些词,都没有对年龄大小作出表示,仅仅是描述了血缘关系。也许他们会加上“elder”“younger”这些词来修饰,但就我在美国的体验来说,基本没人会去用这些词。他们即使知道年龄大小,也并不会在意。

3. **压力**

曾经多次听说美国孩子没有压力,每天过着轻松的生活,其实不然。美国孩子同样面临不小的升学压力。他们看似在学校时间短,上学晚,放学早,其实在校的学习时间却和我们中国学生差不多。他们不会将太多时间浪费在课间,课间仅是更换教室的时间而已,就连中午吃饭的时间也只有短短的二十分钟。不管在中国哪一阶段的学习中,我都听到老师无数次在班会时批评我们课间太吵闹,无数次教育我们课间打了预备铃就要收心坐在桌边开始预习,却没有一次奏效。还记得班主任告诉过我们,第一位外教刚来到我们学校时,他曾向班主任提出过一个疑问:为什么要设立课间?也不能怪他疑惑,课间我们所能看到的景象都是打闹嬉笑,而在美国,大家也会在课间聊天,但脚下匆匆赶往下一教室的步伐却不会停歇。这也足见美国校园生活的紧凑。

让我们再回归到压力这个问题上。美国学生同样有自己理想的大学,这样的竞争也是随处可见。虽然美国课程只进行到下午两点半,但剩下的时间会被用于进行各种活动。给每个学生都留出发展兴趣、培养特长的时间和空间,大概才是美国学校最大的优势所在。美国的大学申请也是同样如此,他们更多关注的不是你参加活动的数量,而是你的活动是否与你的特长有关,你的特长是否能为学校带来好处。

我也与美国学生交流过这一问题,他们说自己也面临不小的压力,家长也很关注他们的学习。我寄宿家庭的朋友们的目标是西北大学,她们为此也在不停地努力准备。她们说她们努力学习争取在班里拿到前几名的成绩，这一点绝不是吹嘘，我几乎每天都会看到她们在半夜十二点才结束学习。她们也会做很多活动来丰富自己的经历，说得功利一点，这些活动都可以写进自己的大学入学申请中去。

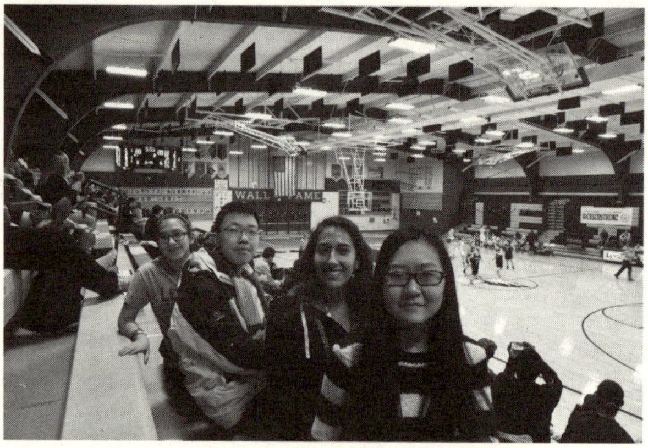

宋金迪和伙伴们观看学校篮球赛

点评：走心的“笛子”（任兴华）

不得不说，宋金迪（外号“笛子”）是个十分有心的女孩。她的文章对美国学生的课堂、家庭教育、生活起居等方方面面都有所涉及，描述得十分细致有条理。同时她还把美国学生与中国学生进行了部分对比，对比突出而且有自己独到的见解。有趣的是，和郭雅琦一样，宋金迪也关注到了一个不能再小的细节，那就是她们的寄宿家庭里，孩子不会关上门把自己隔绝起来。看宋金迪文中惊讶的语气，您就知道国内孩子的做法了。孩子关上门也是孩子隔绝与家长交流、抗拒家长干预的一种常见做法，这也从一个方面反映出现存的亲子关系紧张的问题。近些年，中学生家庭教育中有一种“四增多、四减少”的现象：即孩子成长中的烦恼增加，而通过和家长交流得到解决的比例在减少；孩子的学习压力越来越大，而家长能陪孩子的时间越来越少；家庭教育对学生思想教育的影响随着孩子年龄增长而增加，而家长能有效担负教育责任的比例在减少；家长对子女的情感依附增加，而子女除经济外对家长的依附在减少。您觉得是不是这样呢？

感言："有心插花花始发"(朱小棣)

宋金迪同学的确是个有心人，而且条理清晰，描述都非常具体、生动、准确。尤其难能可贵的是，她迅速抓住了中美高中阶段文理科教学中的基本不同以及衍生出的一些后果。

例如，她看出中美在理科教学中基本一致，而美国的课程容量要小，主要是习题量太少，不太注重公式的记忆，允许使用计算器等等。但她却又同时深刻理解到美国方面这样做的原因，是因为目的有所不同，侧重点自然不一样。我自己作为家长经历了两个孩子在美国高中阶段的学习以后，愈加体会到这种侧重的不同。简单地说，中国模式优胜在效率，因为记忆掌握的公式越多，解题的速度就可以大大加快，因而能够比较容易地在统一考试中获取高分。而那些想要或需要获取高分的美国孩子，也可以通过课外的努力，来实现这一目的。其实他们很多人也正是这么做的。

所以我感觉，美国学生统考成绩往往比中国学生低，未必是由于学生天资或教师水平低下，而在一定程度上是所谓"非不能也，是不为也"。这就让我开始关注他们为什么不去这样做，背后的理念和思考是什么，尤其是后果是什么。我不敢说自己已经考据出他们背后的理论支柱，但后果却是比较显然的。那就是在解题速度和效率上的落后。明知落后，却并不急于在课堂教学中改进和追赶，是不是有点难于理解呢？我想，其中一定反映了他们在对速度和效率的重要性的认识上，与我们有所分歧。这与整个社会对人才和大学生的需求有一定的内在联系，非常值得教育专家们来认真讨论。

结合宋金迪同学对美国高中文科教学的实地考察，更可以看出美国对进度、节奏以及讨论的深度广度方面，与目前中国国内普遍教学模式的确不同。从这里我们似乎可以看见某些隐含的对于教育目的上的分歧。如果可以简单归纳的话，似乎他们更注重的是培养具有独立头脑和分析解决问题能力的个体，而我们更擅长于培养能够高效率完成任务的"螺丝钉"。如果把宋金迪同学对美国家庭生活、父母子女关系的观察也融合进来考虑，可能这种分歧也就更加显而易见。于是更加深层的教育问题不再是如何培养人才的问题，而是需要和希望培养什么类型人才的问题了。

自由与规矩

——在美国的见闻与感受

杭雨潇

这一个寒假，我和同学们去参加了安生文教交流基金会举办的冬令营，我们去芝加哥在寄宿家庭中住了五天后，又去美国东海岸游玩了十天左右。

本次出行，我们感受到了游玩的快乐，也感受到了暴雪到来后的寒冷。然而，相比之下，东西方教育制度与文化的巨大差异带给我的感受更强烈。

美国的高中实行“走班制度”，每个老师都有自己固定的教室。在每个同学进入高二以后，都要选择自己喜欢的科目，到了上课时间后，同学们便去该科老师所在的教室去上课。这种“走班制度”就像我国的大学所设计的一样。然而有所不同的是，在美国，他们的这种教育方式能够让同学们在更早的年龄阶段选择并研究自己喜欢的科目，并更早地找到自己喜欢的学科，并为之奋斗。

每天当我准备睡觉时，总会看见我们寄宿家庭的那个女孩仍然在客厅里挑灯夜战。有一次出于好奇，我下去看了一下她的作业，其中包括微积分、法语、美术等。看到她在高中便能够如此熟练地解决微积分问题，我便问她是否在解题过程中存在困难。她说道，她们所学的微积分只是初步的，学了就会。记得有一次，我去跟她听课，那节课讲的是微积分，我跟着听了一节课。我很惊讶地发现，我这个完全没学过的人竟然能够听懂很多他们讲的题。

从这件事上，我们可以明显看出，美国高中阶段的教育虽然并不深，但是非常广，体现在像我这样从来没有听过他们课的人都能够大致理解他们的思路与解题模式。很多中国学生在高中阶段把精力全部用上了，然而到了大学这个本应该是很好的一个汲取知识的时段，却像散了架一般，根本无心学习，因此造成了目前中国大学生就业前景不好的问题。然而美国教育却是让学生先在高中阶段广泛地涉猎，到大学时再让同学们深入研究。

俗话说："耳听为虚，眼见为实。"在中国，我们听说美国的孩子天天都有派对活动，为此而感到十分羡慕，殊不知派对活动是有非常严格的规定的。美国确实是一个自由之邦，然而这种自由是在不破坏规定的基础之上的。美国的中学规定并不多，很多同学甚至可以上课时吃东西——因为老师没有作这方面的规定，然而老师传达下去的规定，每个同学必须十分严格地执行。有一个老师规定学生们上课不准带手机，上课时真没有一个人玩。而在中国的学校，管教的条目很多，但是每一项的执行力度都不够。

美国人对于人的规范就是一句话："从小抓起。"有些中国国内的家长，在小学实行"放羊政策"，然而到了初中、高中，科目越来越多，学习越来越紧张时，再想要去管理孩子，却发现孩子的习惯已经成型，很难再改了。中国的一个著名教育学家就曾经说过："人不应该是三十而立，应该是三岁而立。"这一点与美国的教育理念很符合。美国孩子犯了错误，家长的第一时间反应不是打骂，而是"这个孩子需要帮助"。另一个同学的寄宿家庭的孩子有一次在学校里抽烟了，他的家长没有打骂他，而是非常耐心地说教他，使他回心转意，重新走上了正确的道路。

当然，美国社会也有很多比中国还要严重的问题。比如说美国的浪费现象其实比中国还要严重。在中国，我们讲究"节俭是一种美德"，然而在美国，当别的同学发现你没吃完饭时，总会对你说："你不用全部吃完。"每次在学校吃完午饭时，总会看到一些人倒掉很多剩饭。每每看到这样的场景，我内心总会感到十分可惜。同时，美国人的歧视现象比较严重。有一次我和同学去打篮球，我们进球比较多，有一个人竟然小声骂了几句。试想一下，如果一个白人打得好，他或许会赞美或者向人家学习，但因为我们是中国人，他们看不惯。

对待西方文化与我们的差异，我们应该批判地接受，取其精华，去其糟粕，更要保持自己文化的独特性，这样才能更有利于我们中华民族的崛起。

杭雨潇（中）和寄宿家庭伙伴在一起

点评：根据生活体验来辩证思考（任兴华）

该文概括得十分广泛，涵盖了各个方面，从生活到学习，从种族性格到个人情况，全都很好地展现了出来。文章条理清晰，并且十分具有深度，特别是关于中美差异的部分，仔细深入地分析了各种方面。还有一点就是杭雨潇具有辩证思维和独立思维，不是一味相信大众，而是经过独立的分析，给出自己的判断。让我兴奋的是，杭雨潇关于教育的体会很多和我的思考契合，比如，他提到了小学实行“放羊政策”、中学想管管不了的现象。我在描述和乔一家相处的文字中，也写到了教育要重视“一贯性”。

感言：言而有据（朱小棣）

这篇文字虽短，却也面面俱到。从具体选课到从小到大教育过程中的轻重缓急、放任与压力、自由与自律，都有涉及并且言之有据。写得既实在，又有评判分析。只是文末匆匆加上一段中国特色的升华与拔高略略显得有些急躁和突兀，好似虎头蛇尾。

美国的浪费现象自然十分严重，但作者似乎也并未能作出更多的分析判断。而对歧视一词的使用，也未能很好地界定，似乎是指对待亚裔族群体能方面的偏见。其实我倒是一直在关注这批中国学生对美国种族问题的观察和感受，这还是第一篇作文让我看到有所提及。我不太清楚这所学校里的黑人与白人学生的比例，好像也没有人提到美国黑人同学与白人同学之间学习交往上的疏离与融合，亦没有人留意到亚裔学生的存在与否。

就自己多年的生活观察，我发现美国学校里不同种族同学之间，虽有融合友善的一面，但日常习惯中还是较多地出现各自为政。就连去饭堂吃饭，也常常是各自相对集中地聚集在一起。家长们也因各自的政治立场不同，对孩子交往异族朋友持有不同态度。越是保守右翼的家长，越有可能不乐意看见孩子间的异族交往，而越是左翼激进的父母，越有可能会有意识地让自己的孩子去交异族朋友。我这里无意批评任何一类美国家长，但个人感觉上更喜欢中间的大多数。极端的两极，都让我感觉有点不太舒服。我从自己孩子身上看到和听到的，都是下一代要远比我们更加开放客观，较少戴着有色眼镜去看问题。但我还不敢盲目乐观到认为美国的种族歧视问题会在下一代中有明显的改善。

越南女孩的美国生活

邹安南

到达学校已是晚上六七点了。也许是纬度稍高的原因，芝加哥的天也黑得相对早。又因为今天是周末的缘故，学校的大部分建筑都隐没在黑暗中。路旁人家窗口透出的昏暗灯光与远处芝加哥城灯火辉煌的轮廓形成了奇妙的对比。

我的寄宿家庭名为珍妮的女孩早在学校的礼堂等候。当我见到她时，竟不知如何读出她的姓——Nguyen。后来才知道，她的姓在美国一般被拆成Ng Uyen——可以按照美国人的习惯来读，但又保持着越南裔的本色。她的身高比我整整矮一头,因此,当我看到她招呼我和她的妹妹上车后,熟练地启动丰田车的引擎,从停车位中倒车出来时,我的惊奇实在是有些难以掩饰。在回去的路上,她告诉我她今年十七岁——刚好达到美国驾驶执照需要的年龄,而她的这辆车是今年的生日礼物。

她的家是一栋两层高的白色独幢房屋,屋前是一个不大不小的庭院,在周围连续几个街区的相似结构和布局的房子中并不怎么显眼。当我进到她的客厅时,第一眼看到的就是墙上大小各异的几个基督教挂画、雕塑和几支蜡烛,珍妮赶忙解释说,她全家都信仰基督教,她也不例外。但是,出乎人意料的是,在那些一派肃穆气氛的装饰物旁,又挂着大红的鞭炮和灯笼挂饰。我刚想指着那些装饰物说些什么,她的弟弟走下了楼。他似乎是看出了我的惊讶,便解释说,他们家每年也会过春节,在越南也是这样。东西方的鲜红与灰黑色在同一个房间里同时表现得如此突出,本来是应该有浓浓的矛盾感,实际看上去却透着一种奇妙的和谐统一。美国文化的精髓,从来没有在我眼前表现得如此浅显而又贴切过。

晚餐吃面,很简单,但是,不像传言中"美国小孩争着帮家长洗碗",每当一个人吃完时,便将碗放入洗手池,然后便各干各的事去,珍妮也不例外。

我以观察她写作业为名,跟着她上楼。进入她的书房,我没有看见多少课本,第一眼看见的却是打印机前堆积如山的资料。我随便拿起桌上的一张纸,内容都是关于美国中学生饮酒问题的。珍妮解释说,这就是她的作业需要的资料。听完她的陈述后,我对她的作业有了一点了解。虽然中美高中的理科作业和测试形式非常相像,但文科却大相径庭。美国的写作作业近似于大学论文,题目布置极为宽泛,而学生需要在这样宽泛的题目范围中选择一个特定主题。而且一般也有像论文一样的数量级和时间跨度。珍妮的这一篇论文的主题是"学生间反映的社会问题",需要至少十页文档、两周的时间来完成!通过这样的作业形式,美国的学生在练习写作和发散性思维的同时,也掌握了在大学中所必需的技能之一。在文档的最后,我也看见了参考文献列表,上面的引用序号已经到了第十七个,也就是说,美国的写作中,只要是他人说的话,都需要加入引用页并署名,不然,学生会有"很大的麻烦"。这就是真正的尊重原创,与国内语文老师布置作文前一句空泛苍白的"绝对不要抄作文"可谓有着天差地别。

说话间,她已经打开了电脑,接上了电源。她继续解释说,她们的大部分学习都是使用电脑完成的。当我在惊诧中透露出我们上学时要携带成包的纸质课本时,她的惊异程度和当时的我别无二致。她为电脑接上无线网,打开像是网络学习平台的软件,专注地打起了字。

第二天早晨,我还是依着我的习惯六点半就起了床。不过,我起床时,房子里醒着的只有珍妮因为工作而早出晚归的父亲。送走他之后,我又等了半个多小时才等到珍妮起床。珍妮说,她选的课八点半才开始。也许是感觉到了我的疑惑不解,她在车上认真地向我解释:美国的高中学生可以选课,相对应的,他们必须要通过选课修满学分才可以毕业以及决定大学的走向,比中国高中这种选课模式更近似于大学。从这些零碎的片段中,我也渐渐感受到,美国高中的种种所谓优越自由的制度和体系,其实是因为比起中国高中教育相当于基础教育延伸的存在,它更专注于为学生升入大学,接受高等教育做准备,所以才成为了一套完全不同的教育体系,孰优孰劣,其实相当难以定夺。

此时,已到学校。珍妮停下车,带着我穿过一扇不大的玻璃侧门,快步穿过人已经不多的走廊,径直走入一间墙壁上贴满数学公式和数学题目的教室(在美国高中,每门科目的老师都是有一间自己的教室的),让我找了后排的一个空位坐下。教室里人声嘈杂,像珍妮说的一样,每个人面前都摆着一台电脑,只有一个人拿着一个纸质的笔记本。

当珍妮与旁边的一个朋友议论我这个"交换生"时,我一直以为我的英语听力还可以的印象瞬间消失了。诚然,我可以顺畅地和珍妮对话,也可以听懂她说的大部分话,但是一旦她和其他人聊上天,除非像做托福听力一样认真,否则我就一窍不通,如听天书。当然,也可能不是语言,而是文化差异的原因。毕竟我们在美国的时间还是太短,对美国的直接了解也不是很多,对于美国人之间的话题,自然不会有太深的了解。

当数学老师进来一示意后,教室里马上没有了嘈杂声。她没有对我进行什么特别的介绍或欢迎,却只是施以一个真挚的微笑。这,对我来说,已经足够了。接着,她开始一边对同学们宣布着小测试的注意事项,一边拿出一摞纸。我突然意识到,我在美国的第一堂课,要以考试的形式开始了。这是一个珍贵的机遇。

不大的试卷发下来了，题目和三角函数有关，我粗略地看了一眼，发现这张卷子似乎只是初三一般的水平，但这是高三！因此，当我成了第二个交上卷子的人时，老师和同学们都不免有些惊诧。早一些做完题，我就开始观察。奇怪的是他们考试从不用中性笔，大部分人都只用一支铅笔来答题，应用题也是这样。但是这不是重点，重点是即使老师一直在盯着电脑，中间还出去接了一杯水，但就我观察到的而言，除了换页与笔触的响动之外，整场测试一直没有半点声音发出。直到最后一个人交卷时，教室瞬间吵闹了起来——与中国课堂无异。

珍妮带着我匆匆赶往下一个教室，那是一个体育室。美国学生的课间非常之短，因此课程十分紧凑，虽然他们下午两点三十就放学，但他们每日的上课时间，粗略计算下来，只比我们少不到一个小时。珍妮进了更衣室，在等待的时间中，有几个人都跟我打了招呼——虽然我敢保证他们从不认识我。当她换上便于运动的薄衣，带着我进到体育室后，我的心灵又受到了一次巨大的冲击。那个体育室像一个健身房，各种设施齐备。在开始锻炼之前，教练先让我们做了热身运动，这里的热身运动强度非常大，大概也是关心学生的一种表现吧。然后，我们才开始真正的锻炼，术语叫 HIT——“高密度训练”，拥有与热身运动相符合的巨大的强度，和我们体育队的训练比毫不逊色，即使只有短短二十分钟。

短短数天，我对美国、对美国教育的印象从模糊变得清晰，从道听途说到眼见为实。这是一次非常棒的经历。

西莱顿高中的学生在健身室上体育课

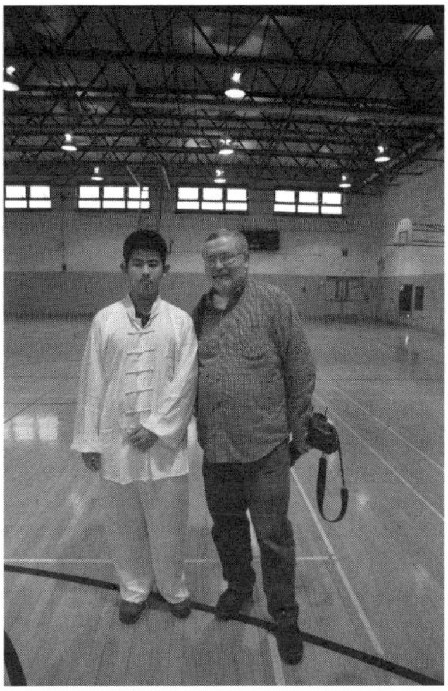

邹安南在芝加哥接受当地媒体采访后合影

点评：思维深刻的"大隐"（任兴华）

邹安南是一位深藏不露的学霸，这篇文章里充分体现出了他思维的深刻。他看到新鲜事物，不是草率下结论，而是经过自己的思辨，得出自己的认识。比如针对中美教育，他能认识到"从这些零碎的片段中，我也渐渐感受到，美国高中的种种所谓优越自由的制度和体系，其实是因为比起中国高中教育相当于基础教育延伸的存在，它更专注于为学生升入大学，接受高等教育做准备，所以才成为了一套完全不同的教育体系，孰优孰劣，其实相当难以定夺"就很不简单了。邹安南不但思想深刻，而且严谨认真，我们相处一年半了，多次翻看他的笔记，条理清晰、书写认真，竟然没有一个潦草的字，给人印象深刻。

感言：理性思维的培养（朱小棣）

入住越南女孩家的邹安南是个男孩，这倒是我没想到的。原以为学校只会安排男生家庭出面接待。这也是我第一次看到这批文章中出现关于美国亚裔学生和家庭的描述。家里基督教挂画与新年灯笼并存的故事，一上来就是一个亮点，精彩捕捉到美国文化融合力的象征。

邹安南同学对美国高中文科教学的观察叙述，再次印证了此前各位同学的观察，但是他被任老师圈点的这句话语，一开始却有些让我费解。难道不是中国的高中教育体制更为随着大学升学或是高考指挥棒转吗？他怎么会说美国高中更专注升入大学呢？后来我好像是看明白了，他说的重点其实是在为“接受高等教育做准备”，也就是说，哪怕课程难度低一些，高三数学相当于中国初三数学的内容，但是整个教学方式却更在于引导学生做好在大学阶段接受高等教育的准备。这倒是一个比较有意思的提法。

如果从美国十二年义务教育和大学升学率较高的实际出发，这样看问题也不无道理。也就是说，中国是在为考上大学做准备，而美国是在为成功进入大学以后做准备。按照这一思路，许多做法上的种种不同，似乎也就比较容易理解了。我想回到文科教学的异同，来讨论这一问题。

邹同学已经提到文档引用以及论文式的写作。其实这反映出的不光是美国高中教育对原创思想的重视和承认，而且是对严谨逻辑思维的培养。这就又要回到我说过的“八股文”的写作训练了。美国甚至从小学起就注重培养这样的学术文章框架与范式，学生不可以随心所欲地造句作文。尤为重要的是，英文里对于段落、框架、结构的注重，往往超过对于选词造句的讲究。这一点，我看季羡林先生的书里也曾有所提及。我认为，这一差异的背后，其实是对逻辑思维的尊重与遵守和对诗意诗性的崇拜之间的重大分别。

昨天我有幸在美国基辛格中国问题研究所聆听了一场有关中美关系的报告会，期间说到中美外交上许多异同别趣。不少美国学者提及中国的“面子外交”和“口号外交”，并指出美国外交从来不是围绕这样两个指挥棒来转的，他们只会集中于或者说拘泥于所谓“国家利益”。其实这正反映出尊重逻辑与崇拜诗意的差异，以及东西文化不同的重要一面。作为掌握了两种语言的学子，我时常陶醉于中文之美，却又折服于英文里的逻辑缜密。那么，不仅在高中阶段，而且在大学阶段，所谓的接受教育，里面所暗含的思维训练与修辞修养，都将成为我们不能不重视和正视的一个重要教育课题，十分值得深入探讨研究。

我的美国之旅

张梓悦

记得初二的时候，我跟着实验初中的队伍，去了韩国仁川当地的一所高中进行友好交流，那时也是我第一次走出国门。当时还小，对于“友好交流”这四个字还没有多少认识，心里认为也不过就是去美美地旅游一趟。那一趟下来，变胖了，变黑了，头发长长了，其余的什么深刻感受啊，早就不知道被抛到哪里去了。而高一的这个寒假，很高兴也很荣幸有机会可以和高中的小伙伴们与班主任，一起来到美国芝加哥西莱顿高中进行交流。通过四天的相处，我们与美国的朋友建立了很深厚的友谊，也感受到了不同国家、种族、文化的“差异美”。

我在去美国之前，在百度上搜索过这所高中，其实这所学校是有两个校区的，分别是东、西校区，我被分到了西校区。我的小伙伴是伊丽莎白·谢尔顿，叫她丽兹就好。她今年 17 岁了，上高二，白皙高挑，金发碧眼，会开车，每天开车带我上下学。

我们第一周是在校园里度过的，那先来谈谈学校生活带给我的感受。他们的学校真的是给学生与老师创造了一个安全、便捷、舒适的环境。首先是安全。学校是有专门的停车场来停放老师与学生的车辆的，马路对面才是教学楼。每次过马路的时候，不管是从停车场到教学楼，还是从教学楼到停车场，都会有专门的人员护送你。他们穿着黄色的背心，手举一个圆形的写有红叉的牌子，当有学生或者老师要过马路时，他们会站到马路上，举起手中的牌子，示意通行的车辆停下，待大家安全过去后，才放下牌子示意车辆可以继续通过。同时，那些停下的车辆不会按喇叭，也不会抢行，只是静静地等待。上课期间，所有可以进入教学楼内部的进出口都会上锁，当然门也很厚实，一般的劫匪进不来，充分地保证了学生和老师的安全。其次是便捷，便捷的例子真是数不胜数。每科的任课老师都有一个属于自己的教室，老师可以随意安排桌椅的摆放、进行教室的美化等。而靠近大屏幕的地方都会有一个大桌，那个大桌就是老师的办公桌，上面会有很多材料。美国的学生几乎全都使用铅笔，所以每个教室的最前面会有一个带有抽屉的小桌，桌子上面放置自动削铅笔刀、盒装餐巾纸，抽屉里会有很多把剪刀，有需要的可以随时去取。而在数学教室里，桌子上还会有很多计算器，有专门的卡，插进去就可以拿一个用，下课再放回来。有些教室里甚至都会有3D打印机！学校里根本没有中国那种可以用粉笔写字的黑板，都是一块块小屏幕，有专门的笔，可以在上面写字，然后再轻轻地点一下取消的键，就可以立即清空所有所写的内容。

其实我们一直认为美国学生的学习轻松、压力小，其实不然。虽然他们的课堂时间短，课时不是很紧，上午8点多才上课，下午2点半就放学，但是课下他们需要完成的作业也是挺多的。学校统一给每位学生都配置了电脑，并且有自己专门的网站用来发作业和交作业。老师会给他们发很多练习题和学案，还有上课用的课件或者是一些小视频，他们必须要先好好观看之后才能填写学案的内容，再上交作业。比如在心理课上，丽兹的老师给他们布置的作业是回家之后买一件白色的T恤衫，然后在上面画出与有关心理学部分理论相关的图案。这次的作业总分一共是40分！这项作业真的很有趣，同时也具有很大的挑战性。

其实，对我触动很大的还有美国学生的自律性。大家都觉得美国的学校管得特别松，不用穿校服，对发型没有要求等等，这些是真的，但是他们的校规校纪十分的严格，并且详细。学校是严禁带手机的，只要发现就会没收。虽然每个学生都有一台电脑，但在校期间，学校会屏蔽一切的网络，任何学生都上不了网。其实据我观察，在校园里真的很少有人带手机，而且就算是在闲暇的时间，大家也不会去看下载好的电影、玩游戏，而是在用电脑啪啪地敲字写作业、查资料。他们的自律意识特别强，不用刻意地强调规则，规则全都深深地刻在了他们每一个人的心中。

自律意识除了体现在校园中，还体现在社会中。我们那是处于芝加哥的郊区，人较少。在美国都是分街区的，但是没有红绿灯，在每个街区的交叉口，只要是驾车的人，都会停下来等三秒，然后再通过。即使马路上没人，每位车主也都会遵守。

丽兹家有四口人：父母、哥哥和她自己。此外，她家还有一只超级大的德国牧羊犬。丽兹的妈妈是一家公司的文职人员，工作比较忙，但是每天早上，丽兹都会与她的妈妈进行很长时间的交流，说我们都去了哪些地方参观，她的感受等等。正好某天是学校一年一度的家长开放日，中午我和她去餐厅吃饭，盛饭的工作人员见到丽兹后，亲切地问她的妈妈怎么没来，说十分想念她的妈妈。我听到后真的很吃惊，事后问她，怎么盛饭的阿姨都会认识她的妈妈。她解释道，之前很多次开放日，她妈妈都会来，会和她一起在学校里做义工，尤其是在餐厅里，所以那些工作人员都认识她的妈妈。她还向我介绍了走廊上的很多金色的展板，上面刻有对学校做过巨大贡献的家长的姓名，其中就有她妈妈的名字。她们真的是在一起成长。

美国学生的自主独立意识和奉献社会的精神都很强烈。几乎每一个学生都有自己的兼职工作，以至于去逛商场或者是去娱乐场所都能见到他们学校的学生。比如丽兹最好的闺蜜就在一家大型的购物商场里做服装销售员；最后一天晚上我们一起去跳蹦床的时候，那个检票的男生就是他们学校的学生，丽兹很好的朋友。打工挣的钱都是由他们自己支配的，可以用在任何的地方。丽兹打工的地方就是她做义工的地方——一家护理中心，里面住着的都是一些无家可归或是身患重病又无人照顾的弱势群体。而丽兹的主要工作是负责护理呼叫工作，就是在前台接接电话，给房间送点东西。这些工作很简单，但是那天她带我去参观的时候，她几乎认识所有房间的人，见了面后一一地打招呼，让人感觉十分的亲切，这真的让我大吃一惊。她们完全不把做义工看作是一项任务，而是真正地投入进去，把自己奉献给社会。

在那里的餐厅吃饭，根本就没有服务员在旁边服务。客人需要先去前台点餐，然后会拿到一个号码，就是所点餐的顺序，接着等着拿餐，之后找座位就餐。美国的饭都是清一色的汉堡、三明治、薯条、可乐，并且每一份的量都特别足，根本就吃不完。吃完饭后，需要自己把剩饭或者垃圾收拾干净，走到垃圾桶倒掉。我一共去了大约三四家餐厅，家家都是如此的。自己动手才能丰衣足食，不是吗？

这次的美国之行真的带给我很多很多的感受，除了一贯的美国人严于律己的态度、热情好客的态度、真诚友善的心，给我留下深刻印象之外，还有一些行为也颠覆了我对美国人的认识，比如吃饭很少用刀叉，直接上手抓等等。将来我们也都是要去美国留学的人，所以我们要了解并且感受美国文化，然后去适应、去学习，以便将来可以尽快接受，并且融入这种多元化的圈子。未来的路还是很长的，把目光放长远，脚踏实地地完成好学业，为自己的未来打下坚实的基础，为自己努力拼搏，永不放弃，永不言败！

就要分别了，张梓悦和寄宿家庭都满脸不舍

点评：朴实而有内涵的梓悦（任兴华）

我一时竟想不出什么华丽的词来形容这个叫梓悦的姑娘。她很朴实，却又很有内涵。说起学校中的她，笑似乎成了她的代名词。她很踏实、认真。她担任班级生活委员，能细心地为每一位同学准备别致的生日礼物，能有条不紊地安排购买班级物品，能有效地控制班级开支。她能观察到生活的细节和有趣之处，例如，“颠覆了我对美国人的认识，比如吃饭很少用刀叉，直接上手抓等等”，文章写得妙趣横生。

感言:独立意识与奉献精神(朱小棣)

看得出来,梓悦姑娘是一个阳光女孩,难怪任老师说她时常以一张笑脸出现在学校。笑得踏实,意味着内心未被压力摧垮,也意味着能够有更加广阔的自由度去观察四周。因而我们看到,除了和其他同学一样,观察到对校园交通安全的重视、行车驾驶的自律不违章、以任课教师为中心安排教室等等,张梓悦同学还特别注意到"美国学生的独立自主意识和奉献社会的精神都很强烈"。

短短几天工夫就能悟出这样的认识,还是挺不容易的。这里面当然有许多偶然性,例如她的接待家庭的母女刚好都是热心校内外公益活动的积极分子。虽然并不是每个美国家庭都是如此,但整个社会风气还是明显地支持公益活动的。一般学校也都有硬性规定,通常一个高中生如果不完成两三周或一百个小时左右的义工工作,是拿不到毕业文凭的。

反观中国社会,过去几十年来,我们走过很大弯路。我们在一定程度上失去了公私的平衡、社会的道德、个人的修养,导致独立意识和奉献精神的双重失落。

很高兴能够看见短短几天的访美活动让梓悦同学强烈感受到健康文化的缺失与存在。当然,几天的感悟依然是不够的。文化冲击虽然让她"大吃一惊",也强烈意识到自己将来出国留学以后要"去适应、去学习","以便可以尽快接受",但我们还是可以明显看到目前中国教育的深深烙印。即使她"把目光放长远",知道要"脚踏实地地完成好学业",可最后化为实际行动指南的坚强决心还是落脚在要"为自己的未来打下坚实的基础,为自己努力拼搏,永不放弃"。看到这里,她的父母可能是放心的,任课教师也许是宽慰的,但是对于一个思考教育目的和国家民族利益的头脑来说,却未必是可以完全舒心的。

我经历的美国高中学校生活

程康宁

2月11日

到了学校以后,第一节课是关于阅读的内容。首先令人惊讶的是,外表平淡无奇的教学楼中,教育、生活设施十分完善。背包寄存的场所、饮水场所、教室都布置得井井有条。老师通过一段视频展开上课内容,视频是阅读内容的影视版。播放视频后老师开始解读文章。老师很重视课堂效率,不太说废话,调侃过后马上回到正题。他和学生的交流比较频繁,但每一次都精炼简短,不让其他人无聊。学生们环绕而坐,轻松却不随意,自由而不散漫,都在积极思考。第一节课给我的主要感觉是氛围自由但有秩序。

第二节课是体育。学生们在一个体育馆里上课,统一着运动服。我感觉他们的运动强度很大,不过很充实。体育课分两种,学生们可以自主选择。一种是锻炼为主,另一种是娱乐为主。

第三节课是经济。经济老师很有激情,十分善于鼓舞学生情绪。通过数形结合的电子教学很快就将一些重点知识内容讲述清楚。学生们多半使用电脑做笔记,并且通过电脑复习、预习,这与国际部的课件教学有相似之处。

下午的课是历史。历史老师是一个很有思想的女教师,上课也很有激情,声调时抑时扬。所有学生都用电脑记录内容、标记课件。不知不觉间一节课就结束了。

我感觉比较好的就是这所学校电子教学的广泛应用,许多年迈的教师都十分支持并使用电子教学。这实际上更加高效。

今天经历了两次采访。我感觉美国人对中国了解得不多,许多人的印象还停留在上世纪八九十年代甚至是七十年代。中国确实应该更加宣传自己，吸引别人了解中国、欣赏中国。相比之下，我们对美国十分了解，也积极向美国学习，但美国大部分人对中国一无所知。这就说明我们善于学习，不断了解其他国家的优点，有利于自己的改进。

美国学生的课余生活十分丰富，今天经历了两次篮球比赛。下午下课后参加了一次对高一学生的指导赛，晚上的篮球赛是一个关于募捐的活动。可以说所有活动都很有意义，学生在这种环境中成长必然受益良多。组织这些活动往往需要很长时间，这充分体现了学生会的作用。

2 月 13 日

早上 6 点 45 我便到了学校，寄宿家庭的同学和一些学生会成员准备发放情人节礼物。他们的课余生活很丰富，但也确实很有意义，责任感、人际圈都可以通过参与课外生活扩大。这也充分体现了他们对时间的充分利用，一天在学校里往往可以做许多事。

今天第一节课是美术。老师先展示了许多杰出的作品，然后让学生们自由绘画。颜料、油笔等全都由学校提供。绘画的要求是要符合意境，体裁不限。课堂上很安静，学生交流的声音极小，并没有因为这是副科而流露出任何的轻视，也没有人做其他科目的相关事情。上哪一门课就做哪一门课的事情，体现了规则意识。

第二节课没去上。

第三节课是经济。这节课考试。

第四节课是厨艺课。几个学生围坐在一桌，课堂氛围轻松有趣。老师先进行课程讲述、介绍，学生们写下规划、制作流程，然后不同的小组开始不同的工作。美国学生对待自己选择的课非常重视，哪怕是副科，他们也会很重视地参与。在国内虽然也有很多社团课、选修课、娱乐的课程，但学生们不会把它们当作正课，仅仅当作娱乐或者用这些课程来学习别的课程。这样就使这些课程失去了原本该有的意义。

第一节课是历史。老师先是边放视频边讲解视频中的内容，然后通过学生自己的电脑进行了一场小型考试，最后请学生们品尝了一些小吃。这节课是芝加哥历史。中国学生学习的历史一般是通史或者某一时期的中国史或世界史,不可能仅仅研究一个城市的历史。中国历史侧重政治、经济、军事等,但芝加哥历史这节课却描述了许多生活中的细节,这是一些不同。

第二节课是数学。这一节课采用小组教学的方式,学生们自己组成小组进行学习内容的探究。这在中国也很常见。

美国是学生进入不同的教室上课,中国是老师进入不同的教室上课,各有优点。学生进教室上课更像是在大学里上课,能让学生更早地适应大学环境,而且结交更多的朋友。国内固定教室的好处是能更加了解彼此。

美国学生的校园生活更加紧凑,一天课很满,午休时间短,大大提高了时间的有效利用。下午放学早,学生拥有大量的自由时间,可以自己来安排。虽然国情有着很大的不同,但是我们总要看到别人的优点并不断改进。

美国家长是否在乎孩子的成绩呢?在国内,我们得到的信息是,美国家长不是很在乎孩子的学习成绩,更希望孩子健康、全面地发展。真实情况如何呢?我问了一下寄宿家庭的家长,出乎我意料的是,他们说他们对成绩非常在意,认为这是最重要的一个指标,如果感觉某一时期孩子的状态不对,他们会马上与孩子交流,并且与老师沟通,想出办法。他们平时对学习环境也很重视,家长手不离书,家中也有许许多多的藏书。虽然他们家人比较狂野,但看得出他们对待学习和工作的一丝不苟。当然他们也很在乎其他的事情,比如参加活动等等。虽然一个家庭不能说明普遍情况,但从这一个家庭看出,他们是比较在乎学生成绩的。

程康宁(后右一)和伙伴们在校园,卓尔不群

点评:对美国课堂的深入观察(任兴华)

程康宁是一个很有观察力的学生,在平时与他的交往中,他能洞察出我所感受不到的东西。比如在最后一段中,对家长手不离书的日常生活及其一丝不苟的态度就观察得非常仔细。这篇文章描绘了在各个课堂中美国学生的表现。有几点我深有体会,美国课堂中的"自由而不散漫"被描绘得很具体,美国课堂的规定少而精,执行得也较为严格。偶尔也能看到学生上课吃零食,但是不会影响他人。任课老师也睁一只眼闭一只眼,照讲不误,学生照吃不误。我感到惊讶。对此,我和任课老师有过交流。任课老师看到我惊讶的表情,反而比较惊讶。他告诉我,这方面还真没有统一的规定,看老师了;学生也许真的饿了呢,也不能让人家饿肚子呀;再说,也没有影响他人不是?我听后傻了半天。这也侧面反映出教师理念的不同。在历史课上,美国老师讲得绘声绘色,我也可以感受到这一点,而有一些中国老师太急功近利,只是应付考试,而使得历史这门完全能够开阔学生思维的课程变得僵化。电子产品方面,美国学生可以带电脑上学,然而很少有人在不恰当的时间玩,原因就是美国老师、家长给予孩子们的充分肯定和孩子们的自律。

感言:文气与狂野(朱小棣)

程康宁同学的确很有观察力。这篇文章中有两点引起我的注意。一是他形容他入住家庭的家长是"手不离书",二是他又形容这家人"比较狂野"。这是一种看似相互矛盾的形容,但我却相信康宁同学观察得认真、仔细和准确。怎么一个"手不离书"的人却又"比较狂野"?或者说,"比较狂野"的人又为何会"手不离书"?这就要说到美国社会整体的社会风气以及学校和家庭教育的培养。

中国传统文化中向来手脑分离,所谓劳心者治人,劳力者治于人。体力劳动和脑力劳动的分家,导致读书人与体力生产劳动的脱节,以及某种自尊自贵,所谓"万般皆下品,唯有读书高"。这也同时带来书生丧失狂野英武之气,变得肩不能挑,手不能提,不仅丧失的是体力,也是一种精神,因而很容易产生懦弱的性格。

而在历史上，美国社会的建立与普遍识字和全民扫盲运动密切相关。当年托克维尔从欧洲来到美国新大陆，发现这个新兴国家的民主就是建立在这样一块健康的基石之上。全民识字，大家平等，依法民主。这个社会培养出来的知识分子，也从来不是脱离手工劳动的单纯书生。他们比较欣赏二者在同一个体中的并肩存在，在文化中也基本上没有对文盲的歧视。也许正是因为没有文盲，所以也就没有对此的专门歧视。当然也就不会像我们传统文化中，津津乐道于什么“谈笑皆鸿儒，往来无白丁”。

正因为如此，你才会看见一个“比较狂野”的人却又“手不离书”，甚至才会有美国人性格中的普遍自信与乐观。所以你会经常看见许多美国人都会觉得自己很牛，其实只是很普通的一个人罢了。这也带来普遍的平等意识，大家心里既有自尊，也充分尊重对方和他人，不太有仰视他人的习惯。这种“狂野”并不是盲目的，因为经常“手不离书”，往往是有所依据的。

我很欣赏美国人普遍存在的这种个性，并认为程康宁同学的观察是准确而又有代表性的，所以要单独拎出来稍加讨论。回到他的原文，我们可以清楚看到，他的这个入住家庭对孩子的学习成绩也是非常关注的，只是他们同时也关注孩子在校的其他活动。正如他同时也观察到的美国学生对待主科副科同样认真一样，我们从这里看到的是又一种平衡。主副科目的平衡，手脑并用的平衡，文化知识的学习与其他活动的平衡，这正是我们应该从美国教育体制中观察注意到并且应该努力去学习的地方。

我的美国之行全记录

于家正

时光匆匆如白驹过隙，转眼间为期约两周的“中美青年大使”活动已经落下了帷幕，就让我们一起回首这次令人难忘的活动吧！

Sino-American Youth Ambassadors，简称 SAYA，中文名称是“中美青年

大使”。这次的活动已经是“中美青年大使”的第六届活动了。

我们于二月六日到达了上海，首先进行了几个小时的培训(对于美国文化、观念、历史的了解)，之后去外滩拍下了我们“中美青年大使”活动的合影，留下了美好的记忆。

这次的旅途并不像想象中那么一帆风顺，但反而为我们提供了正常的计划所没有的体验。我们的航班本应在二月七日下午五点半起飞，但由于飞机的延误，我们又在上海待了一天。第二天中午，我们的航班正式起飞，不过这次的目的地却不是计划中伊利诺伊州的芝加哥，而是阿拉斯加州的安克雷奇，由于机上出现了一名病患，我们在安克雷奇经停一天。这是一座位于阿拉斯加中南部的城市，同时它也是阿拉斯加最大的城市。一到机场大厅，就能看到这座城市的建筑内最常见的东西：两三米高的熊的标本，或棕或白，姿势各异，但神态都是十分威严。阿拉斯加最大的特点就是冷、风大，当我进酒店的时候，感觉如同被狂风塞了进来。我们利用这个难得的机会去了安克雷奇的博物馆，了解了许多有关这座城市的知识。

第二天早上三点，我们在黑夜之中踏上了前往芝加哥的路，不知是不是因为美国人比较自由的原因，本应七点多登机的航班到了八点多才登机起飞。短暂的四五个小时转瞬即逝，我们便踏在了芝加哥的土地上。一出机场，就见到了热情洋溢的接待学校的校长(我们所去的学校是西莱顿高中)，我们当时都很惊讶，学校的校长竟然亲自来机场接我们。我们和校长一起拍下了合影，同时在校车上对中美教育文化进行了交流。这里要提一下美国的校车，我们所坐的校车和在中国的电视上看到的一样，黄色的外壳，红色的STOP牌子，校车从外表上看很坚硬，内在也是一样，校车的内车壁十分厚实坚硬，的确也符合网上所说的“美国校车不输悍马”。

到学校时是下午五六点，天已经渐渐黑了下来，车一开进校园，就能看见楼门口亮着的灯以及门内一张张和我们看起来差不多年纪同时挂着愉快笑容的面孔。一走进门，看着这些美国当地的高中生，我有种买彩票的心跳感觉，虽然在来美国之前我已经和我的伙伴利用邮箱交流过了，但我当时提出不要给我发他的照片，我也不给他发，看看互相能否认出来。看着站着的学生，我去尝试着辨认：是那个戴蓝框眼镜的男生？还是看起来比较壮实的？

又或者是那个穿着黄色外套的？但最后的事实证明我高估了自己的能力……当我说出“谁是亚历克西斯·埃斯特拉”时，我才找到了他，而我的伙伴就是刚才看到的那个比较壮实的男生，他看起来像一位东南亚人，戴着黑框眼镜、黑色的帽子，耳朵上扎着耳钉。

在带队老师确认每名学生都找到伙伴之后，就让我们跟着自己的伙伴走了，而他们也跟着学校的老师一起走了。我的伙伴直接就拿过了我的行李箱，我多次说我可以拿动，但他却执意帮我拿，看着他拿箱子的样子，我仿佛有种我们就是兄弟的感觉，这也令我在美国感受到了家的温暖。他带着我去拿他的外套和书包，这也令我初次感受到了这所美国高中迷宫一般的布局，转着转着就出去了。

当晚他带我去了一家当地很有名的餐馆，在品尝美国当地美食的同时，我们进行了互相的了解。他告诉我他们每天七点四十上课，一共上十一节课(一节课约半个小时)，下午两点半就能放学了，而放学后他们还有一些由学生自己组织的活动，比如由高级部的学长为高一的新生介绍学校，类似新生指南；五六名成员聚在一起，进行校刊的制作。而当他得知我们接近五点半的放学时间时，他露出了一副十分吃惊的表情，不过我也对他进行了解释，我们的午餐及午休时间接近两个小时，而他们的午餐是算作一节课的，没有午休时间。我又问他：“你们学校允许你们扎耳钉？”他回答我说：“允许啊，你们学校不允许吗？”我说：“我们认为这样可能会影响学习。”而他们却不这么认为。我们之后又聊了很多问题，比如：你有女朋友吗？你喜欢什么运动？你抽烟喝酒吗？你现在能开车吗？你喜欢什么种类的音乐？你们用 YouTube、Twitter 之类的软件吗？你有什么特长吗？中国有什么传统文化？中国高中的课程是什么样的？经过了久久的交流，我还了解到：他们十六岁就可以开车；他们喜欢类似摇滚之类的音乐，并且喜欢把音量开到最大；我的伙伴有一辆车，他的车的音响经过了改造，使得声音听起来更大，甚至连整个车都会跟着音乐震起来。吃完饭后，我来到了我的寄宿家庭，亚历克西斯和他的父母住在一起，而对面就是他叔叔的家。我受到了他们热烈的欢迎，我也送上了我为他母亲准备的阿胶和为他父亲准备的衣服。

他家里还有两条狗，一条块头大的但只有 4 个月，还有一条块头小的已经

6 岁了。每当我进门,那条大狗就会冲过来,然后凭借两条后腿直立,用两条前腿扶在我身上,以一种孩童一般天真的眼神看着我。亚历克西斯和我说它不咬人,但当一条大狗真正冲过来时,我还是感到了紧张。不过随着一天一天的度过,我也逐渐习惯了这种“突击”。而每当我坐在沙发上时,另一条小狗就会爬上沙发,让我顺着它的后背抚摸。

第二天,我们先到学校集合,之后又去了芝加哥的市中心,看到了著名的“云门”雕塑,它如豆子一般,用不锈钢制成。在它外面可看到照映出的芝加哥的景色,在它里面又仿佛进入了万花筒,可以看到无数个自己。我们之后前往一个著名的艺术博物馆,里面展出许多精彩的展品,有黄框白底的画,有毛泽东的另类画像,有一块钉满了钉子的木板,也有本用来放帽子的木架在灯光照射下在墙上形成的一个类似蜘蛛的影子,还有各种现代艺术作品,令人为之惊叹。而下午我们和伙伴们一起玩了一个叫 iFLY 的游戏,就是人体在风的吹动下在一定空间内飞翔。我们也体验了一把在空中飞行的爽快。

第三天,我们迎来了第一天的课程,每个人跟着自己的伙伴一起去上课,我的伙伴选了解剖学、心理学、绘画、英语、物理、体育。西莱顿高中和中国的高中在上课方式上有着很大不同。在中国,我们除了计算机、体育等外堂课之外,只有一间固定的教室,而在西莱顿高中,每位老师有间专用的教室,学生需要去所选学科的教室上课,所以一下课就可以看到整座楼内都是学生们匆匆地走来走去。我上解剖学时,老师让学生们两人一组自行到教室前面,利用火柴人给同学讲授人体肌肉和骨骼,并亲自进行实验的证明和讲解。心理学的教室是给我印象最深的一间教室,墙上贴满了海报、该科老师以及学生的照片、各种项目的报告,窗台上还摆着学生制作的用于理解的作品(拆了的电脑和脑部的分区)。我们做了一个心理学实验:你要用手心支撑一把尺子,并分别测出用左手(不说话时)、右手(不说话时)、左手(说话时)、右手(说话时)这四种情况的时间。不得不说,虽然我的伙伴看起来很壮实,但他的画确实是很不错,而他也送了一幅给我作为礼物。与国内的物理课相比,西莱顿高中的物理课气氛更加活跃,由于这个物理老师周五要带我们去参观芝加哥,所以他周五不能来上课,而他平时是会在周五给学生们做一个特殊早餐带来的,当时就有一名学生站起来做出要离开的样子,嘴里还说着:“我们想要特殊的早餐。"这个老师授课时的肢体语言也十分丰富。我还观察到的比较有意思的一点就是,上课时老师并不会在投影的白板上板书,而是会在白板旁的柜子的柜板上板书,老师给他们讲例题时会要求他们注重审题和做题的过程。而在英语课上,他们赏析了一篇文章,老师坐在教室的正中间。老师会一边读一边赏析,他会突然地加重语气,也会在读到需要注意的位置时拍一下桌面,语速也会因感情而时快时慢,而他还有时坐下,有时站起走动,最后还会讲一下自己的感悟,同时也会让同学起来讲感悟。这天的晚上我们看了一场篮球赛,这是一场意义非凡的球赛,它是为了纪念一名学生举办的。就在不久前,西莱顿高中的一名学生西斯科·阿洛克(Cisco Arocho)因患动脉瘤而去世。"Many Leyden students felt a duty to honor Cisco's memory."这是西莱顿高中的校刊上的原话,校刊上同时还有两张照片,一张是西斯科的,另一张是全校学生穿着蓝色 T 恤(T 恤上写着"I Wear Blue For Cisco")的合影。这次全校动员的活动令我非常感动。

在剩下的两天里,我们去了芝加哥市中心的 95 层酒店吃午饭,整座城市的景色一览无余;观赏了有着各种珍奇动物的水族馆;还去了当地的蹦床乐园 skyzone,和伙伴们玩了台球,一起跳舞,体验美国高中生的课余生活。

在一周的波士顿—纽约—华盛顿哥伦比亚特区的行程里,我们拜访了哈佛、麻省理工、耶鲁等全球知名高校;参观了华尔街,摸了大铜牛,观赏了自由女神像;去了联合国总部以及第五大道,看到了曾经为世界第一高楼的帝国大厦;与美国小伙伴共度春节;见到了宏伟的林肯纪念堂和曾在电影里出现的林肯雕塑;参观了各种有关航天、自然历史、现代艺术、油画、热带植物的博物馆,增长了许多知识。

剪刀手,到处有

虽然两周就这么匆匆过去了,但不同的是我们已经不再是曾经的自己,我们见识到了更多的东西,也成长了。

点评:他山之石,可以攻玉(任兴华)

作者于家正同学很细腻,能从寻常小事中发现许多值得借鉴的东西。这篇文章的结构十分清晰,以时间顺序记叙,清楚精炼,相信大家能从中学到很多。于家正同学谈到最多的一点是美国学生的举止行为。他们做自己事情时十分自由,但是和他人交往时非常注意自己的礼仪,这一点从于家正的伙伴身上就能看出来。他们身上确实有很多优点值得学习,择其善者而从之,当我们以敬佩的眼神看待他们时,有些不足的地方是不是应该向他们看齐呢?

感言:深入观察才有益(朱小棣)

于家正同学记录得确实比较细腻,而且也全面,堪称是美国之行的全记录。内容几乎包罗万象,所有其他同学在前面的文章中涉及的方面,好像在他的文中都有所体现。从对学校和课堂的观察,到入住家庭及小伙伴身上的各种特点,都有详细的考察记录。令我印象最深的,却是他和小伙伴最初的约定,两人事先不告诉对方自己的长相特征,却想要在第一眼能够从人群中认出对方。结果当然是无法辨别,只好靠通报姓名,才发现"就是刚才看到的那个比较壮实的男生,他看起来像一位东南亚人,戴着黑框眼镜、黑色的帽子,耳朵上扎着耳钉"。

当然,这"扎着耳钉"自然又要引起不小的好奇。而对方的好奇,首先是中国学生要到下午五点半才放学。我们从前几篇文章中其实也已经知道,美国学生在校学习时间也不比中国学生差太多,因为缩短了课间和午休的时间。这些都是同学们经过实地考察和比较以后自己发现并得出的结论。我这里倒是想要跳出于家正同学的文字记录,扯几句题外话。今年我回国时听说国内学校也在缩短在校时间,尤其是小学。结果产生的后果之一就是家长没法正常上班,因为要提前接孩子回家。于是有学校组织教师开办放学后的留守班,收取非常少的费用。可是立马又有家长去闹,指责学校额外收费,上告到政府主管教育部门。学校被勒令停止收费，也就停办了这样的班。结果家长们普遍要花费几十倍以上的费用，聘请家庭教师来家里看孩子。这件事情闹得沸沸扬扬，怨声载道。

这让我想起自己刚到美国时的情景。那时美国学校普遍放学太早，孩子放学后无人管教，引发不良少年的社会问题，形成社会舆论的强烈反对。尤其是因为家庭经济收入的不等，造成穷人孩子无人带，最后还需要地方政府想办法找钱开班收留穷人家的孩子。我当时作为一名留学生，就十分不理解美国为什么会是这样，还逢人就宣传中国的做法，似乎是一种社会主义的优越性，颇有自豪感。

不料将近三十年过去，事情发生了大逆转，又跑到中国重演一遍，还带上了中国特色。我真不知道该说什么好，仿佛是一个令人哭笑不得的故事。在我们讨论究竟该如何解决这一问题之前，我们是否应该首先问一下，究竟为什么一定要盲目跟风学习美国，去缩短学生在校时间，尤其是小学生和初中生。

通过以上中国同学的实地考察，他们似乎看到的是美国高中生下午提前放学的优越性，在于可以自由支配时间做自己想做和认为有意义的事，包括做义工等公益活动。况且，这些高中生大都已经会开车，可以自由驾车参加各种活动。美国的法律一般也对未成年人有所规定，所以只有高中生才能达到规定的年龄，自由独自活动，不需要成年人的监护。而未成年的学生如何打发后半个下午，至今仍是美国家长、学校和政府方面都十分头痛而不得不各自想办法处理解决的问题。各地情况不同，因人而异，但我想谁也不会以此为荣，要“输出革命”，把早放学作为优秀教育机制的一部分宣传介绍给中国或是其他国家去效仿吧。

所以，目前国内许多行政策略性变化的由来，如果竟然是跟风学习美国所造成的，就一定要大声疾呼“且慢”！还是让我们更加仔细地考察清楚以后再做决定不迟。我相信，正如上面这批同学所观察到的，许多先进有道理的地方是一定会被发现也值得效仿的，但绝不是每一种表面的不同，都是我们效仿的楷模。

浅谈中美教育方式的不同

齐正阳

作为一名仅在异国他校待了几天的普通高中生，我写不出教育学者那样的长篇大论，也实在没能力再现情景，但至少可以作为一个亲身体验过的学生来与大家谈谈此行的感受。

先说中美教育之间最直观的不同。

在美国，教育是以学生为主体的，学校提供各种五花八门的课程，往往一个老师只教一种课，并且永远只待在一间教室里，老师们有权利按照自己的意愿布置教室，也可以向学校申请买各种设备。美国高中提供的课程大致可以分为理工科学类、文学艺术类和生活类三种，除了必修的数学、英语和体育，其他的课程学生都可以凭自己的意愿选择，从而获得相应的学分，为未来报考大学、选择专业做准备。

美国学校的在校时间分为十个时段，但只有七个时段是上课的，在这七个时段中，有时两个时段会连在一起作为一个大课，所以学生可以自行选择的课时有三到四个。这种制度为学生提供了极大的自我发展空间，在我看来是很人性化的，起码很尊重每个人的特异性，因为有些人只痴迷于自然进化、天体运动，而对那些骈句、俳句提不起精神，有些人却看到晦涩的史诗就能品味出其中的深意。有些人问，这不就是孔子所推崇的因材施教吗？其实，我觉得这种制度更多的是给予学生以选择的权利，而不是真正的因材施教。因为在这个制度下，学霸们自然会穿梭于各类高水平文理课程，但有些志不在此的学生也会只选择难度很低或者娱乐性很强的课程快乐地上完高中。这只不过是美国尊重个人意志的一种体现，愿意上进的学生可以获得发展延伸的机会，不那么胸有大志的学生也可以平淡悠闲地度过光阴，各取所需。

而作为一个发达国家，美国社会相对稳定，长期的平淡生活也开始消磨人们的上进心，这点在高中生中也能得以体现。我所进行交流的美国高中在公立高中里也算是不错的，但根据寄宿家庭的伙伴的描述，整个学校内，有超过百分之五十的学生都不把学习放在心上，这在国内的同水平高中内是无法想象的。可能是因为美国学生的课业压力相对较小，家长的期望也普遍不高，所以学生们可能所追求的更多的是享受学习生活，而不是精益求精地追求更好的成绩。

但是与中国高中有别的是，美国高中锻炼的是实实在在的能力。美国高中的校园环境虽然是轻松很多，学生们有机会参加各式各样的活动，但别以为这些活动多么小儿科，恰恰相反，这些学校组织的活动需要大量的时间、精力和头脑，有些甚至涉及专业知识，如选修建筑课程的我的寄宿家庭伙伴就花了整整一天时间到工地采访工程师，询问他一天的工作以及一些问题的常用解决办法，并完成自己的一篇报告。类似于这种的活动被称为 field trip，可以翻译成“专业之旅”，每一个学科都有，尤其是对于那些实践性较强的学科，学生们宁愿翘掉当天所有的其他课程也不愿错过。

齐正阳（左一）和美国伙伴把“酒”言欢

点评:尊重学生的自主权(任兴华)

齐正阳同学在平时生活中踏实认真,学习努力刻苦,有着一双善于发现生活和学习中点滴问题的眼睛。这次美国之行,更是在团队中有着很突出的表现。对于他谈到的美国高中尊重学生自主选择权这方面,与他同行的我,在这一方面也同样有着深刻的体会。在长达6天的寄宿生活中,他们与美国小伙伴一起上学、放学。在课堂上,美国的高中生都会积极参与课堂内容,主动配合教授的讲解,积极回答老师的问题,有效保证了课堂的活跃程度与极高的效率。这正得益于美国高中足够尊重学生,给予了学生更多的选择机会,让他们时刻都在从事自己喜爱的专业和领域。

感言:一粒沙中看世界(朱小棣)

除去像其他同学一样过于武断地把所观察的唯一一所美国高中当作是全美高中的普遍情形以外,齐正阳同学的观察分析还是很到位并有一定深度的。例如他能够把学生自由选课与因材施教加以区分,同时把握学校教育以学生为主体和教室安排以教师为中心之间的对立统一辩证关系;也了解到美国学生的作业,其实并不简单,往往比中国学生课外作业更加深入实际和专业化;更能够看出追求学业优胜并非所有学生和家长的共同目标。这些都是非常重要和准确的观察。

他也结合自己在中国的经验,分享了他的观感和判断。对于美国高中相对轻松的压力,过半学生不把学习放在心上,他认为这是在国内的同水平高中内无法想象的。这是一个很有意思的观察比较。但是如果我们深究一下,就会体会到美国方面这种状况的自然合理性。凡是有人群的地方都有左中右。同一群体,无论是在学业或是体能、智商方面,都会有具体差异,无论这种差异是大是小。鉴别这些差异,并把它们序列化,无论是对集体水平的整体提升,还是对于个体的成长,其实都没有特别重大的意义。排名先后,只是对甄别选拔具有一定参考价值而已。

所以现在有些美国高中干脆都已经取消校内总成绩排名,至少是不再公布。例如我大儿子从波士顿拉丁学校毕业那年,我几乎不知道他在校内的排名，一直到毕业典礼时才有所了然，因为他得到一个只有前十名左右的学生才有的奖项，而未能获取一个只有前八名学生才有的另一个大奖。

一天，我和全美国排名第一的公立高中托马斯·杰弗逊科技高中的校长私人聚餐，他在饭桌上对我说，他们学校的学生是经过严格考试甄别遴选的，而一旦入学以后，就不再按分数成绩排列和追逐名次。他们对学生灌输的理念是，不争名次，而要全力打造一个独特的自我。将来在高考的过程中，每个人都要以自己的独特吸引大学招生官的注意。这是一个多么诱人、充满阳光与朝气的前景。

试想，一所拼命要把尽可能多的前几名学生送入名牌高校的高中，相比之下又是多么的猥琐渺小，其内部的竞争压力又会是如何的巨大，具有多么大的杀伤力。再反过来想一想，既然有一半学生总是会处于学习成绩排名靠后的一半，让他们拼命挤进前一半，究竟还有多少意义？如果这个学校已经是名声在外的好学校了，这些人就更不必把精力用在混入前半部分的所谓成绩中间偏上的行列了。傻不傻啊？此时，追求更加丰富的课余生活，包括参加各种课外活动和阅读课外书目，岂不是最佳的选择和明智的策略么？所以说，如果整个学校内，有超过百分之五十的学生都不把学习（指课内成绩）放在心上，难道不是再自然也不过的常态和健康之态吗？

美国人的尊重和友善

董金宜

我来分享一下这些天我听数学课的收获。一共两节正课，一节社团课。两节正课老师讲的是函数的极限，我以前从来没接触过，所以我是以学习者的姿态来听新课的。首先，老师给出函数的极限的定义，之后讲解了函数的极限能应用的领域和能解决的问题。在大家已经初步理解定义和解题方法的情况下,老师开始讲解例题,之后大家做练习。在做练习时,老师总能给出很充足的时间让每个同学来思考、讨论、解题。这样每个同学都不会落下,都能够牢固地掌握知识。对比国内,老师为了赶进度总是不能给我们充足的时间思考、讨论、练习,导致学生学习情况差异较大。社团课上,老师将几名学生分为两组,发下相同的试题,每人都有一套试卷,同时每组有一人负责填写答案。试题一共 20 题,30 分钟,最后只提交答案。我发觉美国学生的合作意识很强,他们上来都没有商量就已经全部自动分好了工,这着实吓到我了。每个人负责一部分题,适量重合,做完之后双重检查,最后填写答案。而我做完题,觉得最大的难点还在于词汇,有些题目根本没法理解题意。我们正努力克服这些困难。数学老师和别的任课老师对我们这些来游学的学生很欣赏,这倒让我挺欣慰的。

课堂上学生们总能专心地聆听,原因在于学生课下有充足的时间做自己喜欢的事情,而且课上也没有严格的限制,他们反而愿意珍惜课上的时间,专心地听课。而国内学生整日都被课堂所限制,回家还需完成大量功课。学生们没有时间做自己喜欢的事情,以致上课分心。我觉得我们的外教教得比美国的老师好,他讲得很仔细,而且对我们很宽容,还会耐心地批改我们的作业……

其实,学习的道路永远没有尽头……

我到美国这么多天,感觉美国人有一点真的比我们好很多。他们之间的那种互相尊重是我们都需要学习的。在寄宿家庭里,我每次从学校回来的时候都会发现我的房间纹丝未动,这充分体现了他们对人权的尊重:不经过别人的同意,是不会进别人的房间的,即便我是一名寄宿学生。人们也很友善,在外边陌生人也向我打招呼;学校领导会广播告知同学们看到中国留学生时说一句“你好”;小学生也送我们情人节礼物。我真的非常感动他们这么欢迎我们。

美国学生平时回到家一副非常轻松的样子,完全和我们不同。他们大部分时间是在进行课余活动的,只拿出小部分时间利用电脑做做功课,看看课本,但他们却学得不错。我还亲历了他们的一次考试,在考试中,没有一名同学想抄袭、作弊,他们都安静地做自己的试卷。在这方面,我觉得我们的学生需要改进。

美国学生的课余生活也十分丰富，毕竟他们比我们早放学三个小时。有一次我的寄宿家庭带我去滑雪，我其实挺惊讶的，学生平时还能有时间滑雪，确实值得我们思考。我的伙伴还带我去过教堂，他在那里练习一个声乐仪式，并且播放影片给去教堂的人观看，我充分感受到了那里的宗教文化。在周末，他们全家又带我去了芝加哥市中心。美国学生的生活真是多姿多彩，学生们有充足的时间和精力来做自己喜欢的事情，那种生活才是我们应该追求的。我们的教育不应该只停留在教室、作业或成绩。人生本来就是多姿多彩的，学生们有权利做自己想做的事情。

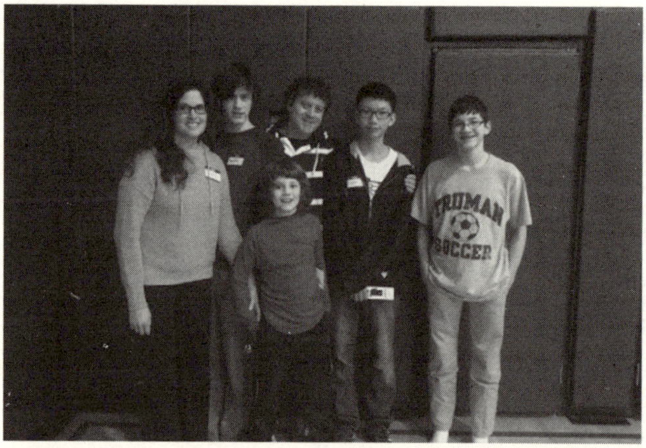

董金宜和寄宿家庭在一起

董金宜默写圆周率让美国小朋友大开眼界

这一周收获颇多。让我感触最深的是我的小伙伴去教堂做义工的事情。他去教堂里打扫卫生，帮助乐师教学生，他还给去教堂的人播放影片，使更多的人了解基督文化。我觉得社会实践是非常有意义的一件事，我也应该多参加。它可以鼓舞人心，它能磨砺心志，它能增添人生经历，让我们更快地成长。同时，社会实践还能帮助那些需要帮助的人，帮别人摆脱困苦。所以更多的社会实践也是我们所需要的。

我们的确应该选择更多的路来充实自己，来充实我们的人生！

点评：用心体会生活的美（任兴华）

董金宜在我印象中是个非常沉稳的人。平时话语不多，但总能在他的眼神中看出睿智的光。在学习中他也是一丝不苟，认真完成老师布置的每一项任务。他乐于帮助别人，这点也体现在生活中的方方面面。在旅行中，他不是个活跃的角儿，但是一直认认真真参与到各项活动中去，和美国的伙伴很快就成为了好朋友。他一直用心去体会各种事物，体验和发现生活中的美，这从文章中都能看出来。

感言：与人为善（朱小棣）

很高兴看到这篇文章，这还是我第一次看到深入美国高中数学课堂的观察报告，而且授课内容居然又是这位中国国内高中生尚未学习过的，也让我有些意外。通常人们总是说国内中学特别是数学课的难度远远高于美国，这次反倒调了过来。

也许正因为是新内容，董金宜同学立马发现教师授课方法上与国内教师有所不同，留足了时间允许同学自己思考，甚至讨论，因而"每个同学都不会落下，都能够牢固地掌握知识。对比国内，老师为了赶进度总是不能给我们充足的时间思考、讨论、练习，导致学生学习情况差异较大"。

其实这个结论也有些出乎我的意料，事先没想到有充足的时间给同学思考就会产生更好的效果。原来，个人能力虽然有差异，但有时也许并不太大。稍有快慢不同，但给足时间充分思考，甚至加上讨论，就能让大家都跟上。从这个意义上讲，也正是出于一种对人的尊重和友善，难道不是吗？想到这里，我不禁莞尔。虽然董金宜同学并没有把数学课上的这一观察与他的文章标题联系在一起,我却看出了某种内在的联系。

美国的学校教育,其实从幼儿园起,就特别规定不许嘲笑他人,尤其是不可以嘲笑学习上有困难和障碍的学生。这一点,美国孩子真的是从小做起。回想我自己当年在国内时,一贯拿后进生开玩笑,连他们都习以为常,还跟着大伙一起笑。现在想想,真有些不好意思和内疚,很想给他们赔礼道歉。

我知道国内很有一批家长总是到学校去要求把自己的孩子放在学习更优秀的一群孩子里,而不愿意后进的学生与自己的孩子在一起,还生怕老师因为后进生而影响教学进度。我后来通过观察发现,美国学校里不仅不允许嘲笑学习落后的学生,而且他们让已经学会的同学耐心等待还没有学会的孩子,是别有深意的一种安排。培养这些孩子耐心等待,实际上也是在培养情商和领袖能力。每一个当领导的,都知道这种耐力是必不可少的。只有学会了这种耐力和本领,今后才能胜任领导工作。

美国人的做法锻炼的不止是耐心,也包括同情心和友善的态度以及对他人的尊重。我听说北京有一所小学,许多在北京工作的外国家长都愿意把孩子送去念书,而不去专门为外国人开办的国际学校。后来一打听,原来是这所学校里有不少弱智孩童,许多外国家长都愿意把孩子送去的部分原因,正是为了培养自己孩子的同情心和对他人的友善与帮助。这也更加让我理解我在美国学校里亲眼看到的情况。帮助他人也就是在帮助自己,这个道理不也很浅白而充分吗?

从不敢踏入到不舍离开

高子烜

伴随着引擎的轰鸣声,校车缓缓驶离了巴林顿高中。昏暗的车厢内,所有人都沉默不语。

我的目光直直盯在窗外那群熟悉的身影处，不禁想起过往与他们朝夕相处的点点滴滴，胸前一阵绞痛。我一把捂住心口，忍了忍，没有让眼泪落下来，“心，原来真的会痛。”曾几何时，我怀着紧张、畏惧的心情迈入了寄宿家庭的大门，期盼着回家的日子。而现在，那个曾经令我怯懦的两层小楼，却成了我另一个家。这情况，确实令我始料未及。

这家人姓托马斯，除了我的伙伴、他的父母和一个上大学的姐姐之外，还有一只大黑狗托比，以及一只小花猫凯蒂。托马斯家有个习惯，我第一次去的时候，就有很深的体会：孩子刚回了家，总会十分详细认真地和妈妈讲述今天发生的种种，让家长充分掌握自己当天的情况。我小时候睡前也常这样做，但随着年龄的增长也都丢在脑后了。

他们一家人都十分随和温柔，没什么太多的规矩，餐桌上随意聊天，不限制什么时候去睡觉。令我惊讶的是，托马斯跟我的作息几乎是重合的，十一点左右睡觉，六点多起来洗漱，六点五十出门上学。我一向认为美国人都是早睡早起的，现实颠覆了我的认识。

在这所高中里，学生人手一台可带回家的价格不菲的小电脑，都是学校给配备的，这在中国的学校几乎是见不到的。他们似乎有个成熟的体系，大部分作业的完成、一部分的学习过程，都是在那些电脑上完成的。我印象极深的是在他们生物课上，显微镜是可以和每一台电脑连接的，通过特殊的软件，直接成像在屏幕上，还可以对图像进行调整以得到期望的效果。这一切对我来说都十分新鲜，但对于他们使用这样一种教学模式，我不置可否，至少在课上，我也见过一些玩其他东西的学生，并不是所有的人都有着良好的自制力。

他们使用的是流动式教学，每节课都会去往不同的教室，而每间教室都并非是一成不变的布局，里面的同学，也不尽相同。他们一节课的内容，不是太多，但他们思考得多，预习得充分，讨论得多。不像我们，由于时间的限制，大部分学科的一节课里，压缩了大量的内容。我不知道为什么他们进行测试和练习都是用铅笔完成的，就连送我礼物中的笔，也没有中性笔的影子。

说到娱乐，我倒是很佩服托马斯和他的朋友们。在他们小镇，几乎每个人家里都有一个供娱乐的地下室，手柄游戏机是很常见的，他们也很喜欢几个人凑到一块儿用电脑玩一些联机或者有趣的小游戏。生物课的时间很长，完成了解剖任务，有时会剩下一些时间，这时候他们就可以玩玩游戏，会很兴奋，很欢乐，但只要下课铃一响，不管游戏进行到哪一步，他们仿佛刚刚什么都没有发生过一样，直接将电脑合死离开，仿佛刚刚开怀大笑的是别人，心收得很快。

托马斯会开车，每天早上，都是他带我上学。可以这么说，在美国坐任何车，我都很放心，不会像在国内那样有些提心吊胆，比如担心小路口会突然冲出什么东西来。我深深地意识到了，在交通安全方面的教育，中国和美国的差距绝不是一星半点。在美国，各个年龄段驾驶员的车我都坐过，无论他们的驾驶风格如何，都存在着一个共同点：守规矩。他们在经过路口的时候，无论路口是否宽阔，无论两边有没有车或行人，他们几乎都会把车停住，左右各看一眼，确认安全后，再继续通过。在红灯跟前车辆排起长龙的时候，司机们都会把路边可能会驶出车辆的通道让出来，不影响进出……这些，若是让中国司机做到，在我看来，那是天方夜谭。我认为这跟素质无关，是驾校的教育不够先进。

这一段短暂的寄宿家庭之行，使我的视野开阔了许多，也改变了我许多想法。这感觉十分美妙。听托马斯说，他将会在暑期来到中国，我十分开心他能有这样一种打算和机会，我期待他的到来。

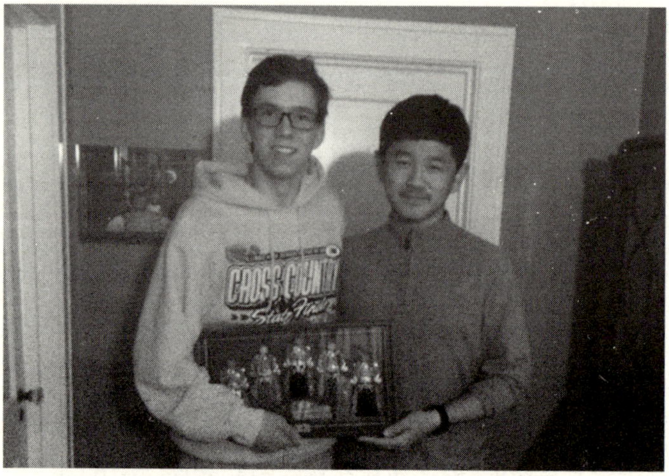

寄宿家庭伙伴很喜欢中国味的“京剧脸谱”

点评:情感坐过山车的子烜(任兴华)

高子烜同学多才多艺,观察能力强。他谈到了在美国的交通见闻,发现"他们在经过路口的时候,无论路口是否宽阔,无论两边有没有车或行人,他们几乎都会把车停住,左右各看一眼,确认安全后,再继续通过。在红灯跟前车辆排起长龙的时候,司机们都会把路边可能会驶出车辆的通道让出来,不影响进出……"然而,却不像很多人一样羡慕美国人的素质而妄自菲薄,他谈道:"我认为这跟素质无关,是驾校的教育不够先进。"能从经历和对比中形成自己的看法,难能可贵。

感言:发自内心的交流与感受(朱小棣)

我很喜欢高子烜同学的这篇文章,感觉已经比较接近美国高考作文即个人陈述的风格了。首先是他比较敞开内心,因而能够拉近与读者的距离。难怪任老师说他情感仿佛在经历过山车。这种开放式的心态,最能让读者和招生官接受,并很快被文字吸引。尤其是开头的场景描写,特别符合美式文章的开头。就连报刊文章,也大都采用这种笔法。而这一点,在我前面看到的这批文章中,并不多见。

他的许多观察对比也都挺有意思,具体而生动,例如对方的母子关系及对话,以及对自己小时候的情景回忆,还有美国同学课间换教室时的迅速动作和收心之快,但更为深刻的是伴随着细腻描述的分析评论。他一方面刻画了这所学校为每一位学生购置手提电脑以及现代化设备在课堂的高效运用,另一方面又冷静评判此举的得失兼顾,指出也有同学利用电脑在课堂娱乐开小差。事实上,很多美国学校也正因为这类担心而并不提供手提电脑给学生使用。这批去芝加哥的同学,似乎大多数都理所当然地以为美国高中普遍为学生提供电脑,并为此而羡慕不已,但高子烜同学则显得相当客观冷静。

最后当然还要提到他对中美驾驶交通安全的观察与评判。其实素质是一个很抽象的概念,很难进行量化比较,但驾驶习惯绝不仅仅是驾驶学校所能培养的。遵守法规是美国人从小到大整体教育的一个重要部分。没有多年的潜移默化,是很难形成自觉的行为法则的。从他的文章里,我们其实可以看出，那些“只要下课铃一响，不管游戏进行到哪一步，他们仿佛刚刚什么都没有发生过一样，直接将电脑合死离开，仿佛刚刚开怀大笑的是别人，心收得很快”，与守规矩的驾驶，在本质上其实是相通的。理解了这一点，才算是了解了美国人个性和民风的形成。

文章结尾也很不错，首尾呼应，再次系上情感的纽带，让读者看见内心的感受。总之，这是一篇比较适合于作为美国高考个人陈述的文章。

带着心去美国

薛善烨

常言道“好事多磨”。没错儿！原定计划我们2015年2月5号出发，6号到达，结果8号才到，可算等苦了美国朋友们。

5号晚上我们在上海登机。据说飞机门需要检修，5点上的飞机等了大约四个小时，随后被告知航线安排不出来，我们被安排到了喜来登大酒店，享受了一个晚上的豪华酒店，第二天中午再次踏上征程。值得一提的是5号晚上等待起飞的时候和旁边的白人女士聊天，她告诉我她是普林斯顿大学的营养学教授；第二天中午乘坐大巴赶往机场，旁边的一位华裔伯伯竟然是杜克大学化学系的教授。

飞机起飞后大约十个小时，被紧急告知飞机上有一位急性心肌炎的患者需要治疗，因此飞机需要迫降。于是，飞机紧急迫降在了北极圈附近的阿拉斯加，于是我们就顺便领略了一下阿拉斯加风情——冷！如果双手裸露在室外的话，大约半分钟就会受不了，两分钟之后差不多就失去知觉了，但是阿拉斯加的空气非常干净，确实是一块宝地。

7号晚上我们再次登机，于8号晚上8点左右抵达芝加哥郊区巴林顿高中，我也终于见到了期待已久的小伙伴帕特里克和他的妈妈。他们都非常非常的热情，之后他妈妈便带我们回了家。晚饭是烤牛肉，很好吃，吃饭的时候我和寄宿家庭交流了一下，了解了一下寄宿家庭的基本情况。帕特里克有一个大家庭——三个姐姐，一个弟弟，一个妹妹，他的大姐已经工作了，所以不在家里住，他的二姐在上大学，三姐劳伦、他、弟弟尼克、妹妹伊丽丝都在巴林顿中学上学，所以也是非常的方便。帕特里克的爸爸是商人，来过几次中国，所以让帕特里克选择的第二语言是中文。由于时差原因，我吃完饭就困得不行了，给他们说了“晚安”便回屋睡觉去了。

第二天便是正式上课了，我大约早上 7 点起床(可能他们考虑到时差的原因，担心我困，我便直接上第二节课了，正常应该是 7 点就开始上课了)。早餐是现成的小汉堡，7 点半准时出发，我们在车上草草解决了早餐，到校之后便开始了一天的课程。到了学校，我吃了一惊，美国学校和我想象的完全不同，课程大部分是按照大学的模式来进行的。学生们没有固定的课程，完全是按照自己的兴趣选课，上完一节课再到另一间教室去上下一节课，一天七节课加一节课吃饭，一整天下来虽然疲惫但是绝对能接受到自己爱好的知识。

下面是我第一天的课程。

1. 中文：上中文课真是最开心的一节课了，因为在中文课上我便是超级大学霸，当我听见外国小伙伴语气略显怪异地读中文的时候，我真的是想憋也憋不住，不是嘲笑，因为我心里其实觉得他们读得很好，而且我有一种由衷的自豪：我是中国人！我会说中文！

2. 生物：不得不说，美国的生物课程确实比中国的要深一些，个人认为他们的课程要难一些。我问他们觉得生物难不难，他们也认为很难，但是他们认为学习一些和自身有关的知识对自己有好处，所以对生物的重视程度要略大于其他科目。

3. 音乐：到了音乐课就能看出美国学生广泛的兴趣爱好了，而美国学校愿意保护他们的爱好，这是极为难得的。音乐课上，他们正在练习一首西班牙语的合唱曲目，唱得很好听。他们在课上相当活跃，有些男生唱着唱着还跳起舞来了，看得我是忍俊不禁。老师已经对这种行为习以为常了——你跳就跳吧，给我好好唱歌就行。

4. 英语:英语课真是最尴尬的一节课了,因为我在课上确实听不懂。打个比方,让一个中文很好的老外来中国上语文课,你觉得他能听懂么?不保证吧,中国学生上英语课也是差不多的感觉。不得不承认,英语出现的时间虽然比中文晚,但它的文化底蕴却是不可小觑的。

5. 数学:数学课的难度和中国的是差不多的,但我个人认为美国的侧重点和中国的不同。美国高中数学更注重的是对数据的处理,也就是代数方面的知识,而我们呢,则是更注重对图形的认识,或者说是数形结合。

第一天的课差不多就是这些了。因为时差原因,芝加哥时间的下午是北京时间的凌晨,所以下午困得整个人都不好了。他们下午 2 点 45 就放学了,真是太羡慕他们了!美国孩子放学后都会干一些自己感兴趣的事情,比如去学校的健身房健身或者跑步锻炼。我本来以为帕特里克的妈妈来接我们回家,但我发现我错了,是帕特里克开车带着我和他的姐妹回家。在美国,十六岁就可以开车了。我个人认为美国孩子开车已经属于"飙车"的范畴了,直路加速,拐歪加速,黄灯加速,就两个时候减速——碰见红灯和换挡。回到家我跟他妈妈打了个招呼,直接躺倒在床上睡了,大约睡了三个小时。帕特里克上楼来把我叫起来下去吃饭,晚上吃的类似棉花糖的一种饼,有鸡肉和一些菜,味道还不错。吃饭的时候,帕特里克告诉我他已经把作业写完了,他们大约每天花两个小时做作业,晚上浏览一些资料就睡觉。闻此,我不由得仰天长呼:美国的孩子好幸福啊!

第二天,他们让我自己选课,有感兴趣的课就去上,于是比其他同学又多上了几门课。

第一节课仍然是我最爱的中文课。

第二到第四节课我是跟帕特里克的姐姐劳伦上的。

第二节是体育课。他们上体育课前都要换衣服,上学穿的是休闲服,上体育课前换成短裤、短袖衫。美国高中的体育课完全就是自由活动,可以打篮球、踢足球,于是我就跟他们切磋了一下笼式足球,运气不错,还进了一个。

第三节课是午饭时间。由于他妈妈给我准备的午餐放在了帕特里克的柜子里,所以劳伦带我去商店买了一些炸鸡和一个面包。之后我们去了高年级的食堂,跟她的朋友一起坐下来吃饭。朋友们都非常热情,我觉得美国的青少年一代是不存在对黄种人的歧视的，对印度人也非常友好，但他们私下里有时候会叫美国本土黑人“nigger”。

第四节是西班牙语课，我对西班牙语也很感兴趣，会说一些简单的单词，但是碰上美国高四的西班牙语课自然是不够用的。正巧这节课老师用来批改试卷，也没讲什么课，于是就和高四的学哥学姐们聊了一节课，其中有一个姐们儿特别热情，基本上就是尖叫着和我聊天，让我觉得特别热闹。

第五节课我被交接到了帕特里克的弟弟尼克的手里，他弟弟是高二，这节课我要跟他去上化学课。到了课堂上，看了一眼讲义我就吓到了，这明明是国内初二学习的物态变化嘛！我给尼克说我两年前就学过，然后给他说了一些大致的知识点，看着尼克脸上的表情，三分惊讶，三分佩服，三分无奈，我不禁窃笑：国内基础教育秒杀一切！

最后一节课是跟帕特里克的妹妹伊丽丝上的生物课，美国高一的生物课跟我们这学期学的正好重合，学的是减数分裂的内容，于是我就顺便给他们解决了一下问题，好歹算没给中国丢人。

晚上吃的是一种类似大葱卷煎饼的东西，原谅我把美式的东西形容得如此接地气，但确实很像，就是一层薄饼卷上肉馅吃，味道还可以。晚上我又做了一些调查和采访。

第三天开始了，今天的安排是参观中美双语小学，我们乘坐大巴来到了小学。首先我们一对一地跟五年级的小学生交流，他们的中文都非常棒，差不多能听懂你说的话，然后我们给他们表演了一些中国节目，比如古琴、剪纸，小朋友们也看得很开心，总之表演很成功。下午临走的时候我们看了一场挺有意思的球赛：五年级小朋友对阵老师，连校长都上阵了，围观小朋友的热情简直可以用爆棚来形容，每进一个球便会爆发出一阵兴奋的尖叫。老师悄悄告诉我们，其实五年级的孩子是一定会赢的。我觉得学校的做法很正确，这样既能增加孩子们的自信心，又能让孩子们愈加刻苦地练习。也许美国老师都是这样认为的：每一个孩子成为伟人的机会都是均等的，说不定下一个美国总统就在他们当中诞生。

薛善烨(右一)参加芝加哥小学的中文课

点评:找寻差异的乐趣(任兴华)

薛善烨同学在去美国的时候可以和同学们在一起胡打乱闹,做大家的开心果,也可以在一起倾心交谈。他的观察注重寻找美国不同于中国的地方,语言略带夸张,一切在他的文字里显得那么有趣。似乎他观察到的每一点差异都能带给他极大的刺激和乐趣。匆匆数天,难免有以偏概全、流于感性的地方。比如他说道“他们大约每天花两个小时做作业,晚上浏览一些资料就睡觉。闻此,我不由得仰天长呼:美国的孩子好幸福啊”,这也只是一己之见。但这就是真实的旅行记录。

感言:心领神会与走马观花(朱小棣)

薛善烨同学的确是“带着心去美国”,因而能够心领神会。即使走马观花,也能看出不少名堂,说出个道道。由于用心,处处做有心人,所以连在机场转机,也能随时与人交往,偶然地发现两位学者。更因为所寄宿的家庭是一个大家庭,兄弟姐妹好几个人都在同一所学校念书,所以有机会旁听了不同年级的不同课程,因而对美国高中的课程设置有了比较全方位的了解。

当然,有时还是得出偏颇的结论,与自己的实地观察也并不吻合。例如说到美国化学课的程度之低,立马说出“国内基础教育秒杀一切”,全然忘记自己刚刚说过美国生物课要比中国难,数学课不分上下,语文课(英语对汉语)也算旗鼓相当等等话语。

从他自己的描述中,其实我们已经可以看出,中美两国对化学和生物,有着完全相反的安排，从根本上颠倒了它们的重要性或者说是认知顺序。我们大家都知道中国流行一句话：学好数理化，走遍天下都不怕。这里的三位一体，或曰金三角，根本没有生物的份，所以生物课是被边缘化的，有时甚至不能算是主科。而在美国，生物是优先于化学的一门学科，学生从小就接触生物，在小学的自然科学里就开始学了。高中的课程设置里，也常常是先学生物，然后才学物理和化学。我的孩子在波士顿拉丁学校就读时，甚至出现过物理和化学撞车，要想继续学物理，就要舍弃一门化学课的情况。从选课规则看，甚至可以只学习生物和物理，不学化学，好像也能被允许毕业，拿到高中文凭。这就让我不禁要细想一下，其背后的原因究竟是什么。

我琢磨，这和美国人的思维习惯可能有一定关系。他们遇事往往会就事论事，从具体问题入手，不太急于上升到抽象思维的逻辑判断。研究问题也喜欢从身边熟悉的具体事物入手，慢慢才深究理论概念性的东西。所以对他们来说，先学生物是比较自然的，从身边看得见、摸得着的东西入手，才合情合理，学起来也会有兴趣。而化学则是相对抽象的概念，是要放到第二位、后来才要去逐步认知的东西。所以他们才会在高中阶段，把生物与化学的地位，彻底与在中国高中颠倒过来。因此，在美国，要学好数理生化，甚至数生理化，才是一个理科生的必由之路。

最后我还要提到一下他对族群与种族歧视的观察。我相信他看得很真切，不过还是有些惊诧他居然听到 nigger 一词的使用。这是一个白人对黑人的歧视性用语，其他种族的人也不可以对黑人使用。今天的美国社会，应该已经普遍禁用这一词汇了，况且芝加哥又是一个黑人众多的城市，种族问题更加敏感棘手。为何还会在校园内频频出现这一词汇，连短期访问的中国学生都听到了，的确让我有些吃惊。看来我对美国社会深入得还不够，尽管已经来了差不多快有三十年了。

美国的家庭氛围和课余生活

冀　政

再次回想这半个月的旅程,发现自己的收获比想象中要多得多。从在上海的班机延误开始,到在偌大的浦东国际机场自己入关取行李转航站楼转机,这一路沿途体会到的不仅仅是风景。

这次出行是跟随老师、同学而非父母,对我们来说就是一个小小的挑战了。所以第一个非常重要的感悟就是:心中要有他人,不可只顾自己。在结束了寄宿家庭的生活后,我们前往波士顿参观。波士顿有许多世界上著名的大学,我们也都被浓厚的学术氛围所打动。一路上,我们也在热火朝天地聊天。这时我收到了爸爸的短信,没想到却是很严肃的口气。他问我为什么玩了这么多天却不给家里人带一声好,虽然家里人都知道跟着大部队,有老师,不会有什么问题,可是让别人担心,这也是不成熟不懂事的表现。当时觉得有些委屈,但是现在想一想我确实做得不对。毕竟异国他乡,平时为你担心的人你是否也在乎了他们的感受?从那之后,我便天天晚上跟爸妈讲一下自己的行程、自己的体会。回味自己一天行程的同时,也请父母放心。这次旅行中,我的责任感也增加了不少。虽然小组只有五个人,而且这五个人都是大孩子了,但是我作为小组的组长,还是需要时时刻刻注意他们的行程。还有很多琐碎的事情:"看看自己的钱包、证件啊!""房卡别忘了带啊!""你们先走吧,我看看有没有落下的东西。""快走,别掉队。"其实,这些都是互相关心帮助的事情,同学们之间这样相处,挺好的。

第二点感受很深的是他们浓郁的家庭氛围。"不愿意麻烦别人,自己的事情自己做"似乎在中国是一种很懂事的行为。临出发之前，妈妈也告诉我，你自己的内衣、袜子什么的洗完澡就自己洗了，我在美国的前几天也都是这么做的，即使我到这个家的第一天晚上，寄宿家庭的妈妈就告诉我，如果有脏衣服就放在筐子里，她会帮我洗。直到第三天，她又来告诉我如果有任何脏衣服就让她来洗，我这似乎才明白对他们太客气会让他们以为我被照顾得不周到。晚上我吃完饭总喜欢上楼坐在床上听听音乐，跟同学们聊聊天什么的。寄宿家庭的妈妈看到之后告诉我，如果做完了自己的事情，就下去跟他们一起看电视剧。要是在家里，我肯定是冷冷的一句"没时间"就把他们打发走了。但在这里，出于不好意思，我便下了楼。在沙发上与他们坐在一起，还有他们家的小狗黛西也在我们脚边跑来跑去。电视剧的内容我看不大懂，但是家庭氛围确确实实能感受到。印象很深的一点是睡觉前他们每个人都要去其他家人的房间拥抱说晚安。每晚他妈妈都会来向我和伙伴说晚安，亲吻额头，拥抱之后才关灯离开。家人之间彼此的爱意是不需要深藏不露的，家长对孩子是这样，反过来孩子对家长也是如此。

在国内的时候总听说国外孩子们下午三点钟就放学，放了学作业很少，可以打球，可以跟同学出去玩，派对很多，孩子们都很开放，父母也很开明。有时候还听说我们现在学的比他们提前了好几年。所以以前学习真的也不是很认真，松松垮垮的，说白了觉得以中国人的智商水平进美国大学不难。来到美国，跟着伙伴上了三天美国高中高四(相当于国内高三)的课程，才发现了轻松之下的秘密。

早上七点二十就上课，一个班大约20多个同学。一打上课铃老师就开始讲课，根本没有寒暄的时间，老师的语速也很快，所以一上课就必须认真起来。第一节我们上的物理实验课，老师简单交代之后就分组做实验。我注意到，在老师交代的时候，每个同学都听得非常认真，在没有任何人提醒的情况下，跟着老师做笔记。活动中一点噪音都没有，同学们很自觉地分组，记录问题、实验、讨论问题、在本子上写结论，觉得没有问题了就进行下一环节。我不禁想起来我们的实验课：一没有老师看，赶紧说闲话，老师一走过来装模作样比划几下，结论呢，跟别的组借鉴一下就好了，总想着老师还会再讲。有的时候老师的课讲完了还会有一些时间，学生们就会利用学校给配发的电脑做作业,作业基本没有手写,大部分需要在校网完成。学校里虽有无线网,但是上课时间学生们都很自觉,即使打开电脑也都是在做题学习。数学课的时候,同学们如果饿了可以吃东西,但是他们的注意力却全都在老师那里,我可能听着听着课就开小差,但是他们的学生却有什么问题随时举手提问。课程的安排很轻松,我上午竟然有一节舞蹈课,老师人也很好,虽然我的协调性、灵活性都不好,但她一直站在我旁边指导我做瑜伽。繁忙的课业中加了这么一节愉悦身心的课,真是一件享受的事情啊。

美国之行算是圆满,回顾起来颇有味道。不过我还是要踏实下来,不为别的,只为了自己向往的美国梦啊。

冀政赠送美国小朋友中国贺卡

点评:挑战,感悟,成长(任兴华)

她是一个很特别的女孩子,活泼善良又不失个性。她动如脱兔,神采奕奕,受美国伙伴邀请打保龄球、滑冰,每一样都是第一次接触,而她却能很快地抓住技巧,经历和感悟能让人走得更远。冀政还提到家长和孩子聊学校情况的话题,这让我很感兴趣。冀政说国内家长比较八卦,我哑然失笑,但事实多半是这样。八卦的主要目的是了解同班别的同学。然后呢?就是拿别人家孩子和自己家孩子比较了吧。孩子最不愿听的就是家长说:“你看人家谁谁谁,再看看你自己!”这时孩子多半会回:“你看人家好,当初干吗生我呀?”家长指责孩子成绩不如其他孩子好,孩子可能会“没理争三分”地说:“我比谁谁谁还强呢。”这时，家长鼻子肯定被气歪了。就在这种比较中，孩子渐渐觉得家长对自己是不满意的，自己在家长心目中的位置其实是不如那谁谁谁的，说到底，家长心里已经没我了。家长怎么化解呢？我觉得不如学学这个寄宿家庭，睡前的一吻也许真管事。

感言：关怀与责任（朱小棣）

看得出来，旅美行程虽然只有短短两周，但冀政同学的确是成长了不少。不光因为担任小组长而肩负责任、学会关心他人，还理解了父母之爱、懂得了他人对自己的关心。美国课堂的实地考察，也让她发现了美国同学们课堂学习的认真，以及校园生活的井然有序。

我这里想要讨论的是文章标题里提及到的美国的家庭氛围。前面虽也有同学提及，冀政同学的文字里，好像倒也并没有太多的描绘。到底是什么给她留下了如此深刻的感触？是临睡前的吻别吗？的确，中国人不太有吻别的习惯，所以会给她留下深刻的印象。但是前面关于全家人一起看电视的故事，可能更加说明问题。她被邀请下楼和大家一起看电视，而她原本是想要拒绝的，后来出于礼貌还是去了。她说：“电视剧的内容我看不大懂，但是家庭氛围确确实实能感受到。”这倒是让我不禁想要揣摩一下目前中国家庭里普遍的家庭气氛了。

由于出国多年，我的两个孩子都是在美国出生的，而且此前我还和一个美国家庭一起生活过两年，所以比较熟悉美国的家庭氛围。从冀政同学的文字中，反而让我感受到我所不熟悉的某种中国家庭氛围。首先是由于所谓学习压力，孩子们好像根本不太有和家长一起看电视的时间。不光是有没有时间的问题，更重要的是有没有气氛的问题。时间似乎在她也只是一个借口，只是早已不习惯和父母那样共享时空罢了。从何时起，我们的孩童不再和家长一起度过融融岁月？从何时起，全家人的既定目标，就是要让孩子拼命考进一所好学校？在这种不言自明的割舍与自我约束中，我们究竟失去了多少宝贵的东西？

我们丢失的恐怕不止是家庭氛围与时空共享，失去的恐怕还有安全感与自信心的培养。其乐融融的家庭氛围，也是人生安全感的最佳和第一来源。

孩子从小就会知道父母是爱自己的，永远都是自己贴心的坚强后盾，永远都会在身后支持着自己去克服一切困难。父母不是靠山，不能包办代替孩子学习成长，但放手让孩子学习独立的同时，又时时要让孩子知道身后的支援和力量所在。

我衷心希望这批孩子回国后能够及时调整，加强与父母的感情交流与联络，率先并带头把全家人从升学的压力中解放出来，以更为健康和阳光的心态成长，在亲情中培养出独立和独特的自我。

难以忘怀的美国之旅

王清宇

第一次见我的美国伙伴艾迪，感觉他很爱笑而且很友善，第一次见面我还比较羞涩。开始以为是他父母来接我们，结果才发现是他自己开车回家。在路上我们也简单地交流了几句，聊到了他喜欢的音乐，聊到了篮球，他说他要在第二天晚上带我去看现场的美国篮球职业联赛。

回到家里，他带我见了他的父母，我感觉他们都很和蔼。他的外祖母生病了，所以待在房间里。然后他带我参观他家，二楼是他父母的房间，我不能上去，一楼是他的房间、他哥哥的房间、他外祖母的房间、客厅、餐厅和厨房。地下一楼是游戏室，有一个也可以当作乒乓球桌的台球桌，还有大电视和游戏机。他告诉我现在一共有两个房间空着，一个在地下，一个在他房间的旁边，曾经是他哥哥的房间。他的哥哥已经大学毕业，现在在芝加哥工作。我选择了他哥哥的那间，因为离他房间近，方便交流。放好行李以后，他邀请我看美国篮球职业联赛，看之前，他教我做了晚饭。他把面包、烤肉饼、酱料和菜都准备好，我自己做好然后当作我的晚饭，还有薯条和饮料。就这样，我一边吃着晚饭，一边看比赛，同时和艾迪聊一聊我们各自的学习生活，其中有很多差异。他们的作业有很多自己动手的，比如实验、幻灯片或者展报之类的；他们下午两点半就放学了；他们可以自由选课，安排自己的课程表，有的人课少，有的人课多。艾迪把一天的八节课全部选满了，中午没有午饭时间，所以他都在英语课上吃他妈妈给他准备的午饭，比如三明治、饼干、饮料之类的。

虽然他有游戏机，但是他并不常玩，他一般只在假期玩，平时上学基本不玩，看得出艾迪是一个很有自制力的人。

第二天我们出发上学，他爸爸驾车带我们去学校，因为他年龄不够大，学校不给他提供车位。一般美国人十六岁就考驾照。

第一节课是经济，因为他们上次考试考得不好，所以今天有一个小测试。艾迪的班上有一个女生特别期待我到他们班，所以一见面就和我聊了很多。

第二节课是语文课，他们上课就聊了很多关于我们这些学生的话题。

第三节是电子工程课，因为艾迪以后想当工程师，所以他最喜欢这节课。电子工程课主要是用电路板和各种电子元件来做一些很好玩的东西。

第四节是体育课，这一周他们打排球，并且给我借了一身衣服，让我换好和他们一起上课。还没上课我就被一群女生围住了，她们好像有很多问题想问，但是好像又不敢问，还都以为我不会说英文，所以一个华裔学生一直在帮她们问，当她们知道我会说英文以后，她们表现得很激动。上课以后他们开始组队打排球，我和一个橄榄球队的人一队，他特别壮而且特别有激情，我特别喜欢他的幽默。

第五节是英语课，他们看电影，我一边看一边吃午饭。

到了数学课他们在讲作业。

然后就是他的两节生物课，生物课他们学的应该是水生生物，先是用显微镜看小生物，然后解剖寄生虫等越来越大的生物，观察他们的内脏。然后把所有生物都拍照，把照片放在幻灯片上。

回家以后艾迪开始写作业，写完以后就带我去市里看比赛了。去市里要坐一个小时的火车，到了市里以后艾迪先带我吃了炸鸡。因为我想多看看芝加哥，所以我们走路去的球馆。看比赛感觉特别震撼，球迷文化和那种氛围都感觉和国内的不一样，馆内有卖各种球队衣服的，拉拉队和吉祥物也特别好。

多么希望美国之行的时间能够再长一些呀！

王清宇在向美国小朋友展示毛笔书法

点评：游历可以改变人（任兴华）

提到王清宇，最先想到的几个字便是酷爱篮球，校园的球场上无处不见他的身影，但是这并不是他的全部。平时，他也曾沉默寡言，却展现出与众不同的性格；在困难面前他也曾失落彷徨，但自信的笑容常常隐藏在嘴角；他性格沉稳，眉目间流露出成熟，但也同样志存高远。美国之行中，他用自己的方式展示了中国青少年的面貌，用礼貌和友好把中华的文化撒向他乡。美国之行后，一向少语的他变得热情乐观，充满活力。这就是这个活动对他实实在在的改变。

感言：润物细无声（朱小棣）

王清宇同学美国之行前后的变化，恰好说明了“润物细无声”这样一个浅白的道理。虽然在他的文章中看不出有什么特别的地方，但任老师说他“美国之行后，一向少语的他变得热情乐观，充满活力。这就是这个活动对他实实在在的改变”。这让我不禁想起三十多年前，我自己曾经从根生土长的南京，去往北国边疆的小兴安岭支边任教了半年，回来以后大家都说我好像变了一个人，比以前活泼外向了许多，也是变得热情乐观，充满活力，开始健谈起来。这充分说明旅行外出的游历，往往能打开人的心胸，不光增长阅历，也会改变个性，提升修养，所以中国自古以来就推崇“读万卷书，行万里路”。

王同学喜爱篮球，因而也在短文中多次提到。有趣的是，像他这样也许是虎背熊腰的大小伙子，初次与美国小伙伴见面，竟然还比较羞涩。文中也提到，后来在美国校园遇上一群美国女生，对方竟也是“好像有很多问题想问，但是好像又不敢问”。从这里我们也可以看出青春岁月里的青春模样，无论是中国美国都一样。他们毕竟还是孩子，需要教师和家长的呵护和鼓励。

鼓励多种多样，也是全方位的。从其他同学的文章里我们似乎已经看到，在美国，无论是学校教师还是学生家长，都比较经常使用鼓励性的语言；无论校内校外，学生都经常沐浴在阳光灿烂、充满鼓励的氛围之中。相对来说，中国的学校和家庭教育实在是批评太多，鼓励太少。希望今后能看到更多的鼓励。

另外，充分放手，减少包办代替，也是一种鼓励和对自信心的培养。我注意到王清宇同学的这一段文字，头一天入住美国家庭，“放好行李以后，他邀请我看美国篮球职业联赛，看之前，他教我做了晚饭。他把面包、烤肉饼、酱料和菜都准备好，我自己做好然后当作我的晚饭，还有薯条和饮料。就这样，我一边吃着晚饭，一边看比赛，同时和艾迪聊一聊我们各自的学习生活，其中有很多差异。他们的作业有很多自己动手的，比如实验、幻灯片或者展报之类的”。呵呵。何止是作业有很多自己动手的，晚饭不也一样嘛。不光美国孩子平时在家自己动手惯了，连中国客人来了也是如此。这要搁在中国，恐怕会觉得是怠慢了客人，好在小王也没有在意。两个人就这样自己解决了晚饭，并且聊开了。看到这里，你不觉得潜移默化的变化已经开始在小王身上发生了吗？

我们从经历中学会了照顾和包容

李林夏

二零一四年和二零一五年的衔接之时于我来说是不平凡的，短短的十几天却让我迅速成长。说实话，我们这一批青年大使经历的、感受的、做到的比历届多的太多，一开始就是各种不可控因素：一次滞留上海一晚，一次飞机上有心脏病突发患者迫降阿拉斯加，一次飞机门紧急维修。原本十几小时便可以抵达目的地的我们却用了三天的时间，在行程方面有了巨大变动。

在美国，短暂三天寄宿家庭的生活，是我人生中最美好的回忆之一，我的伙伴名字叫克里斯蒂娜，她积极、乐观、活泼。还记得我第一次见到她，她带我去观赏她们跳舞，我永远忘不了那一幕。十几个人在一间舞蹈房里，对于老师提出的建议要求，认真地去改正，使她们的现代舞变得更好、更完美。如果有更好的意见便会举手提出来，每个人积极地去实现，使这个舞蹈的整体效果变得更好。当选用演出服时，老师会拿出几套非常时尚好看的衣服，让女孩试穿，大家民主投票决定用哪一套衣服。那一个晚上，我亲眼见到，世界上有一群人，对自己热爱的事那么执着，无关其他。

三天，她尽最大的努力让我感受了美国的校园生活。美国与中国不同，学生需要根据所选课程更换教室上课。在我的印象中，美国的学生课间应该是吃点儿零食，玩会儿手机，补点儿妆，开会儿玩笑。事实却是：美国的学生的确衣着时尚，但在课间，所有的学生步履匆匆。教学楼的长廊里人山人海，每个人都忙着前往下一间上课的教室。因为每间教室的学生不同，所以他们的交际圈广泛，遇到认识的人打个招呼，简单交谈，继续他们的脚步。上课时他们的气氛轻松,坐姿随意,但每个人都精力集中,遇到不会的及时提问,老师耐心解答。当下课铃打响,这节课的内容刚好上完,然后就又回到了课间那匆忙时段。

最大的收获是友情,我们一个小组五个人,编织了无数故事和欢乐,一张张手机里的照片是五个人同心团结的最好见证。互帮互助,当行李提不动时,三个男生给予了最大的帮助。大雪被困宾馆,听着音乐,聊着天,关心生病的同学,一上午一样过得舒服自在。每一样事物,分工明确,效率变得更快。一路上充满了我们的笑声,但当与寄宿家庭分别时,或泪水盈盈或已泣不成声。我们在深夜分享过去的故事,在没有家长的看护下彼此扶持呵护着,和谐融洽。

最后,感谢一路上老师们的照顾和包容。愉快与不愉快,都是我们成长道路上的风景,同样珍贵与美丽,或许我们不够成熟,没那么多的顾虑,但年少的激情与真挚,是我十分珍惜的美好。

李林夏(左一)和伙伴开心地面对不常见的大雪,他们学着照顾和包容

点评:把体验当成一种习惯(任兴华)

李林夏是一个善于发现生活中的美的女生。高一如此繁忙的学习生活之下,她却能按照自己的节奏和方式来规划。我感觉李林夏不只是简单地观

光游走，她愿意将所发现的事情记录下来，还愿意去思考，这都是非常难得的。她早已将发现和体验生活中、旅行中的美变成一种习惯，相信她也能发现更多精彩之处。

感言：发掘生活之美（朱小棣）

我和任老师都有同感，李林夏的确是一个善于发现生活中的美的女生。其实，说到底，根子还不在发现，而是一种态度，一种精神。只要你足够阳光，心里充满正能量，美是可以发掘的。所以李林夏同学最后能够说出这样的话："愉快与不愉快，都是我们成长道路上的风景，同样珍贵与美丽。"心态好，往往也会在对方身上看到阳光，所以在李林夏的眼里，她的美国小伙伴也是"积极、乐观、活泼"的。

而在观摩了一节舞蹈课之后，李林夏同学眼里和脑海中存留的就是这样一个记忆："那一个晚上，我亲眼见到，世界上有一群人，对自己热爱的事那么执着，无关其他。"这一观察，倒的确是颇为深刻的。就我自己多年的观察和留意，我也的确发现美国课堂上学生比较投入，有那么一种执着忘我的精神。而中国课堂上往往比较死寂，原因当然会有许多，其中可能也与治学态度和学习压力有关。我总感觉在国内学习时，有一种获取知识与高分的隐形压力，仿佛来学校就是为了学点儿什么，拿个好成绩，告慰家长。而在这一目标下，往往丢失了求学过程中的乐趣及其游戏性质。也许正是由于出自这一背景，李林夏同学眼里观察到的美国课堂气氛便有了下述特征："上课时他们的气氛轻松，坐姿随意，但每个人都精力集中，遇到不会的及时提问，老师耐心解答。"我相信这一描述和结论一定是在观察到与国内课堂的某种反差以后总结出来的，值得我们反思。

与之相对应的，缓解了人为制造的和不必要的紧张压力之后，伴之而来的就是友情与笑声。这一点，也就自然而然地被李林夏同学捕捉到了，并且化解在接下来的文字当中。于是我们看到了满含泪水的分别，其乐融融的呵护。一个个被摄入眼帘的美景，一段段片刻美好的记忆将永存心间。我衷心祝愿同学们回去以后都能适当缓解一点压力，多从学习过程中找到乐趣，这样才能体会到学习是美好的。

有经历才能明辨之

张　蒴

去美国前，我总是对美国有很多道听途说的印象，但是真正到了之后，才发现了一个真实的美国。

到了芝加哥，我跟着美国小伙伴一起体验校园生活，一起购物，一起游览。跟他们在一起的时候，我感觉到了美国人的乐观还有积极上进的态度，这也体现在我们行程开始之时。由于飞机故障导致航班取消，当时飞机上的人已经等了 2 个多小时了，结果就这么下飞机了，第二天起飞的时候，所有美国人都开始鼓掌，甚至有一个还高兴地挥了挥手臂。反观一些别的国家的人，只是默默地听着，眼中不时散发着疲惫、不耐烦的神情。

跟美国小伙伴一起学习的时候，我感觉老师管得一点也不严，但是每个人都学得特别认真，没有一丝懈怠。下课的时候问我的小伙伴威尔他为什么学习这么认真，上课会走神么。他却回答，得不到知识怎么办。在我看来，虽然老师管得不严，但是每个人都有强烈的求知欲望和极强的自律意识。所以这就是他们每次单元测试都考得不错的原因。

去的第三天我们开了个派对，还在一起打了会儿球，虽然大部分人的技术都不是很好，但是打得非常有激情，每个人都非常努力。这大概就是为什么美国篮球职业联赛会有这么多人才但是中国却总感觉差一步的原因——打球不带有别的目的，而是挥洒心中的激情。

我感受到了美国的风土人情，同时也认识到了自己的特点和与别人的差距。

张蒴和美国伙伴在芝加哥

点评:审问之,明辨之(任兴华)

我非常欣赏张蒴对于课堂的观察。他曾经跟我说过美国老师对学生会满怀激情地赞美,对我触动挺大。家长们也可以想一想,我们从什么时候开始对孩子的赞美变少了呢?孩子蹒跚学步、牙牙学语时,每一位家长都会为孩子任何微小的进步而心花怒放、激动不已。我们会紧紧抱住孩子,叫着各种各样好听的名字,狠狠亲孩子的脸蛋,穷尽自己的智慧去夸他。虽然他听不懂,我们也乐此不疲。我想,那是出于真心的。等孩子大了呢?您会为孩子的任何微小的进步而拥抱他吗?您夸奖的语言还足够丰富、还能那么打动人吗?我们竟然发现,我们已经不再满足于微小的进步,我们要的是巨大的进步,只有巨大的进步才能调动我们的神经。我们的夸奖退化成了"挺好""继续努力",既模糊,又苍白,且无力。张蒴提到在美国"感觉老师管得一点也不严,但是每个人都学得特别认真,没有一丝懈怠"。这是为什么呢?我也一直在思考这个问题。

感言:细察明辨于末梢(朱小棣)

真是言简意赅,我被张蒴同学单刀直入、明察秋毫的能力所震慑。他只讲了两段身边细枝末节的小故事，就把美国人乐观积极的人生态度展露无遗。

先说乐观。张蒴同学仅仅通过登机候机中的一个偶然突发事件，就牢牢捕捉住美国人乐观的天性。这让我想起1987年我自己刚到美国之时，进修于麻州大学波士顿校区的美国文明专业，攻读硕士。当时在课堂上老师们就曾专门指出美国文化的一大特点即是乐观。我曾深以为然，随着老师的指点，逐一在生活场景中观察体会，还真是发现了不少印证。可是后来随着中国经济的起步腾飞，以及美国经济的周期衰落，我又不断看到美国人低迷的情绪，遂产生了怀疑的态度，以为所谓乐观，不过是财大气粗的一种表现，渐渐认为老师说得不对。后来，这些年迈的老师们一一相继过世，我也没有机会再去和他们论理和争辩。

接下来，经过较长一段时期的经济增长，中国经济不光是持续发展，而且整体国力也达到了仅次于美国的地步。中国的富人越来越多，我在美国也就愈加体会到财大气粗的含义和威风。但是我也慢慢体验出它和乐观的细微差别，尤其是与天性乐观的迥然不同。张蒴同学在飞机上所观察到的，才真正体现了乐观天性的自然表露。骨子里的乐观，与口袋里的钱财，根本是两回事，虽然彼此确有某些关联。

再来说说积极向上。这也是一种性格属性，它有可能表现为争强好胜，但更深层面来说，则是执着、坚守、自觉、自为。张同学和任老师一起在思考同一个问题：为什么美国老师管得不严，学生却普遍学得认真？这里面当然有各种因素，但我认为最重要的两点就在于，一是美国人天性中普遍存在的积极态度，二是美国学校教育较多保存了学习过程中的自然乐趣。

且不谈目前中国教育现状中普遍存在的学习或者说升学压力，就是我们的传统文化中也有诸多教诲，什么“头悬梁、锥刺股”，什么“书山勤为径，学海苦作舟”，都是告诉学子们，学习是一件苦差事，只有吃得苦中苦，方为人上人。这些传统文化的积淀，早已把人们的思维定势约束在把学习等同于吃苦的片面理解中，反而剥夺了人们天性中好学向学的本能。以至于学习成为被动，要有严师的督促，才会有被迫的苦读。其实学习是有甜头的，而且可以甜在其中，而不止是乐在其后。

学而忘我，其实就是一种甜。前面有篇作文也提到一群美国学生在舞蹈课上的忘我表现。这次山东省实验中学访美的同学，几乎人人都注意到美国高中选修课程的丰富。而在选修中发现自己的兴趣爱好与特长，也正是学习过程中快乐一面的精彩体现。张蒴同学显然已经有所领悟。

有些东西，是要自己去体会的

李明泽

在这个寒假，我们山东省实验中学一行 24 人，前往美国参加“中美青年大使”的活动。在飞机上时，紧张感一直伴随着我，担心会和美国小伙伴不能很好地交流。

当我们乘坐着校车到达巴林顿高中，看见一堆上面写着各种欢迎的牌子与气球时，飞机上的那种担心立刻烟消云散。在那里我第一次见到了我的小伙伴真理子，她是五国混血的高三学生，已经申请了普渡大学的建筑工程系，是学校里的小提琴首席和社团社长。我们拥有了一个很好玩的假期，见识了不少美国风情。

最吸引我的是他们的音乐课，每一个会乐器的同学都可以报，会有专门的老师指导他们演奏不同协奏曲，使整个班级就像一个乐团。随着中国家庭经济条件的提升，很多家长也会让孩子学习音乐，用来陶冶情操，但这种技能可能会随着课业的压力，渐渐淹没在书海之间，更别提让大家组成一个团队进行总体教学了。像是我们班，几乎每一个同学都会一种乐器，我真的很希望有一天我们可以进行一次班级演奏，那一定会成为最有意思的事。

更令我羡慕的是，每一个美国学生都有很大的社交圈子。一群好朋友会私下里约着一起出去玩、打工或进行义工。真理子说她喜欢交朋友，这是一件让人清楚了解这世界不同人的事。大家都说美国关系单纯，我更认为那是一种狭义的定义，其实也不是没有嫉妒。在巴林顿高中的时候，我就亲眼看见了有两个女生在学校里大打出手，有人会因为看不惯别人将其踢出社团；但总体来说，美国的孩子是很直接的，他们会很真实地表达自己的感受，包括喜怒哀乐。他们真诚待人，认真待事，这可能也是美国人最有代表性的品质了。

提到美国最好玩的就是他们的"好玩"，他们会根据"这件事好不好玩"来决定自己的选课、专业以及未来，这就是自由与兴趣了。当我第一次跟随真理子去上课时，就感受到学生的自由自在，有一个老师问我能否听得懂他说的话，当时我觉得好笑：身为一个敢来到美国的学生难道还会听不懂英语吗？后来我才感受到来自美国人那种根深蒂固的观念，这种观念源自美国人的骄傲，也是他们偏见的表达。

对于我们将来想去美国的同学，要考验我们的真的不仅仅是学习方面，那种美国的风土人情才是更难的考验。我们不只是要去参观美国，更重要的是加入他们、融入这个社会，成为真正意义上的美国公民，体现来自中国新一代的风貌。

李明泽(前排右二)、李卓群(前排右一)等同学为美国师生表演太极拳

点评：旅行能带给孩子们什么(任兴华)

明泽是个活泼、幽默、大方、做事认真仔细的女生，平时对待生活积极乐观，对待同学十分热情。看完李明泽的文章，我思考，旅行能带给孩子们什么？走马观花以至于只留下照片？让我们看看李明泽同学怎么说："对于我们将来想去美国的同学，要考验我们的真的不仅仅是学习方面，那种美国的风土人情才

是更难的考验。我们不只是要去参观美国，更重要的是加入他们、融入这个社会，成为真正意义上的美国公民，体现来自中国新一代的风貌。”

感言:见字如见人(朱小棣)

这篇文章虽短，可圈可点之处却不在少数。

首先是对于中美之间学生学习器乐的比较与不同，敏锐地抓住了问题的关键。我自己当年在中国做中学生时，曾是学校文艺宣传队的二胡手和小提琴手。当我在美国看到自己的儿子们在中学里各自开始学习一门乐器时，我的第一个惊奇发现和感受，就是他们居然每个人都可以报名，集体参与，而自己当年在中学时，只有少数学生能有幸加入学校的文艺宣传队。那时令我羡慕的是美国中学的物质条件，感觉人家实力雄厚。可是今日中国的家长实力，早已不成问题。正如李明泽同学在文章中指出，几乎每个家庭都会让孩子学习一门乐器。可是随着年龄的增长以及功课负担的加重，大部分人也就停止了器乐的演奏。而明泽同学又是多么盼望自己能和全班同学一起来一个器乐大合奏。这才让我突然意识到两边的巨大不同。中方的单干，和美方的集体学习，恰恰体现了中美之间教育思想的差异。

美国把集体学习置于学校教育的正式课程设计，说明其教育思想中对于音乐的重视和对于其有利于青少年身心发展之作用的理解。更何况团队的演奏和集体的学习，也有利于集体感的形成与培养。而中国方面，学习乐器体现的则是父母的关爱、竞争的手段、才艺的掌握，而后来就是被更加严峻的竞争和所谓学业开始边缘化甚至淘汰出局，孩子们不再有玩乐器的时间。二者之间的差异，其实是很值得中国的教育专家们去认真讨论和深思的。

李明泽同学眼尖，不仅看到美国校园生活的正面，还把两位同学的大打出手尽收眼底。可是她也同时看出，“但总体来说，美国的孩子是很直接的，他们会很真实地表达自己的感受，包括喜怒哀乐。他们真诚待人，认真待事，这可能也是美国人最具有代表性的品质了”。这样的观察，颇为深刻。

倒数第二段关于美国老师问她是否听得懂英语的描述以及她内心的独白和分析结论，则简直像是小说中的精彩描绘。它真实细腻，形象逼真，至于为什么会是这样，人家为什么会这么问，她自己干吗会那样想，这就要交由读者去思考揣摩了。不同读者的眼里,很可能会得出不同的结论。这里我就不妄加评论了。

总之,文章虽短,却丰富展现了作者本人的心态品性,基本吻合任老师对她平时的观察。

随 感

孙鹿尔

这次在美国的旅行,虽然只有短短两周,但却让我对这个国家有了更深的认识。在这个与中国隔海相望的国家里,我发现了很多文化上的差异。

我们的寄宿家庭家人都很热情。下了飞机,我们被大巴车送到学校时,我们的寄宿家庭已经等了很久了。我的寄宿家庭小伙伴叫奥利维亚,是一个有绿色眼珠、金黄色长卷发的女生。我本来以为她的父母也都会跟来,没想到是她一个人开车来接我。在车上聊天时,我知道奥利维亚 16 岁,而且还知道在美国 16 岁就可以考驾照了。一开始我还在震惊她没成年就开车,而她却觉得在中国 18 岁才能考驾照很让人吃惊。这应该是我到美国之后观察到的第一个有趣的不同吧。

在寄宿家庭的几天生活中,我发现美国人无论对家人朋友还是陌生人,都经常说“谢谢”,而我们中国人日常中却不怎么对亲近的人说“谢谢”。并不是中国人没礼貌,而是对我们来说,“谢谢”一般对不熟的人说得多,对很亲密的人说了反而觉得生疏了。中国有句俗语叫“一家人不说两家话”,应该指的就是这种情况。而美国人常常将自己的情感完全表现出来,在与他们谈话的时候,你会发现他们的语气、表情、动作都比我们夸张许多,甚至有时会不适应。他们怎么想就怎么说,所以在寄宿家庭里我经常听到类似“谢谢”“对不起”这样的话，在奥利维亚上学时，她妈妈也会直白地说“我爱你”。我曾经看过一篇关于中国父母为什么不说“我爱你”的文章，里面说中国父母通常会用“吃饭了吗”这种话来表达自己的关心，也有人说中国人都是只做不说，喜欢用行动表达自己的爱而不是语言。美国人喜欢用语言、动作、表情来表达情感，而中国人更擅长用行动表明一切，这也是我发现的中美文化的一个不同点。

美国的教育体制与中国的大相径庭。谈到美国高中生，大家的印象都是每天轻松愉快地学习生活。确实，我的美国小伙伴下午三点多就放学了，作业也不多，比起每天玩命学习的中国高中生来说待遇太好了。美国高中实行的是走班制，就是大家到不同的教室去上课而不是每天待在一个教室里。美国的课堂相对来说比较轻松，老师来上课，前十分钟给大家讲讲知识点，剩下的时间基本上就是小组讨论了。老师倒也轻松，只是在班里来回走动，回答学生的一些问题。这里的学生回答问题不用站起来，即便“坐没坐样”，老师也不管，甚至上课吃东西也是被允许的。我觉得，他们在这种环境下上课也是蛮享受的。他们有很多社团活动，也可以自己选课，奥利维亚就选了汉语课，我也去体验了一下汉语课，感受了一下当学霸的感觉。

很多人觉得美国教育是寓教于乐，提倡动手能力，而中国的应试教育一无是处，其实不然。在我跟着奥利维亚上数学课、物理课时，她发现我对那些知识了如指掌时也是又惊讶又羡慕的。我看过一个讲教育的美国纪录片，大概是讲了相比于拼命的中国学生和刻苦的印度学生，美国学生学习的时间少之又少。影片讲述了对于美国新一代的担忧，并在最后提倡美国学校对学生们要求得再严一点。虽然大家对中国的应试教育都有太多不满，但是不可否认这是一个短时间解决不了的现状，不只是因为望子成龙、望女成凤的传统观念，更重要的是因为教育资源匮乏，人口太多，根本做不到因材施教、寓教于乐。很多人在批判这种教育体制的时候只是想到要减压，改变政策，却没想过根本原因。美国也在倾向于巩固中小学生的基础教育，所以说我们没法改变现状，也不能一味地抱怨。

我对美国还有一个更好的印象就是大家都很喜欢小动物。很多美国家庭都养宠物，我的寄宿家庭就有一只猫和一条狗，而且家里人轮流给它们打扫卫生，并没有嫌脏嫌乱，完全当作家人一样。那只小狗和小猫也完全不怕人，看到我来了，晚上还专门光顾我的房间。同样的，行走在美国的街上，常常看到路边有散步的鸽子，哪怕是周围人来人往，它们也完全不害怕。在一些大学校园里常常会有松鼠出没，这些松鼠会受到学生、老师、游客们的优待——常常有人来送食物。我在大巴车上还拍到了很温馨的一幕，一只松鼠向一个大约五十多岁的美国大叔要吃的，大叔立马拿出坚果和一小块面包来款待它，那只松鼠对人似乎没什么戒备，毫不客气地站在人行道中央享受免费的晚餐。这种场景在那里应该习以为常了，但我觉得这反映出人与自然的和谐来。美国对于野生动物都有很严格的法律保护，对于宠物也有各项规定和保护，我觉得这点在中国需要完善。记得以前在无良小贩那里买过一条"星期狗"，过了一周就死了，我觉得这不仅是欺骗消费者，更是对生命的亵渎。希望以后中国的宠物以及流浪猫狗能有生命的保障。

这次在美国的旅行给我带来了很多惊喜和知识，这对我了解美国文化和出国都很有帮助，更重要的是我还交到了美国朋友奥利维亚。这两个星期的经历让我的假期更充实，是一次不可多得的体验。

孙鹿尔（右一）和薛善烨为美国小朋友表演剪纸

点评:“慢半拍”的深刻(任兴华)

鹿尔头发乌黑,眼睛黑白分明,笑起来眼睛亮闪闪,很是灵动。个性随和不拘小节,对事对人看似漫不经心有些慢半拍的样子,心思却善良细腻,能很敏锐地察觉到一些事物的内在而出人意料。这篇文章里让我印象深刻的是她对于中美教育差异的认识。她说道:“很多人在批判这种教育体制的时候只是想到要减压,改变政策,却没想过根本原因。”这让我看到了她的成熟。同时,她提出自己的看法:“虽然大家对中国的应试教育都有太多不满,但是不可否认这是一个短时间解决不了的现状,不只是因为望子成龙、望女成凤的传统观念,更重要的是因为教育资源匮乏,人口太多,根本做不到因材施教、寓教于乐。”这让我看到了她的深刻。另外,她经过观察,还提出:“美国也在倾向于巩固中小学生的基础教育,所以说我们没法改变现状,也不能一味地抱怨。”这让我看到她观察的敏锐。

感言:相向运动中的中美基础教育(朱小棣)

孙鹿尔同学不仅观察细致,而且分析评判得较有深度,因而能够从“谢谢”“我爱你”等美国日常用语中捕捉到许多文化的异同。同时,她也深知,并不是人人都对美国目前的教育现状满意。而倡导改革的人们,往往正是要把中国、印度等国的教育现状,作为参照物和急起直追的对象。目前美国基础教育也的确是有些朝着这个方向发展。现已接近得到所有五十州政府同意的核心课程改革方案,其总体思路就是更多一些规范化,略少一些选课自由度,强调一下数学、英语等核心课程,特别是促进文化教育欠发达地区把功课抓得更紧一些。

其实,我们活在同一地球上,各国从对彼此的了解上,一定会发现双方的优势与弱点。相互观摩的结果,一定会希望取长补短,所以一定程度上的相向运动,是十分自然甚至必然的结果。我当年刚到美国就在课堂上发表了这一观点,得到老教授们的高度重视和好评。随着全球化和中国经济的高速发展,这种相向运动只是呈现得更为明显罢了。

值得注意的则是如何取长补短,什么才是真正所长,短的根子又在哪里。例如我们在数理化方面似乎是强项,但又未必如此。详加比对后,可能发现真正绝对的优势，只是在于题海战术带来的应付考试的能力。这当然好，但也不能本末倒置，造就高分低能。仅以美国托马斯·杰弗逊科技高中为例，他们的毕业生，在美国大学名校里的声誉极好，绝不逊色于来自中国和印度的理科生。虽说他们在高中时一定比其他美国学校的学生有更多的习题训练，但总体校园文化和课程设置完全是与美国主流教育思想一致的，绝不是按照中国或印度教育体制或思想结出的硕果。

另一方面，我们也切记不可妄自菲薄，任意照搬美国的做法，例如前面提到的片面减负、缩短中小学生在校时间。殊不知其负面的社会后果尤其是产生的不良少年的社会问题，几十年来一直是困扰美国社会的老大难，以致政府和社区一直都在设法解决这一大问题。

还有，美国高中普遍实行学生走班上课，如果我们仿效之，势必与现有班级及班主任制度有冲突。现有制度虽有其弊端，但其中一个优势是集体荣誉感的培养和形成。我曾经留意过美国是怎样培养集体荣誉感的，结果发现体育运动起了巨大作用，孩子们从小通过参加体育运动形成集体荣誉感。文艺活动当然也是，前面提到的器乐学习就是一例。如果我们在这方面的机制没有普遍形成以前，贸然取消班级制度，也很可能会带来始料不及的后果。

总之，相互学习是必要的，“慢半拍”却也未必不好。

那段表演，那些文化

——中国传统文化展示活动纪实

宋金迪

那段时间充斥着浓浓的中国味，连接了地球两端的两个国家。

自从定下要为美国小伙伴们表演太极拳，我心里就时不时泛起一阵紧张，这可是我们中华文化的精髓之一，如何让这种柔中带刚的艺术完美地展现在我们这些外行人手里一时间成了我们最关心的问题。因筹备期末考试的缘故，留给我们的时间并不多，因此我们只得抓住那些缝隙里挤出的时间加紧练习。

每次课间的太极拳成了我们最好的练习。我们都做着相同的动作，但我明显感觉到了即将参与展示的同学们的认真劲。整套拳打下来，连贯而均匀，刚柔并济，开合有序，出拳的角度或许不够完美，但每一拳、每一步都包含着同学们的热情和努力。再加上自己在家的练习，不说是炉火纯青，倒也游刃有余。即便我们知道，美国的朋友们看不懂，也鲜有机会看到这样的中式表演，我们仍想把这传统文化最好的一面展现给他们，依旧希望以最标准的动作表达蕴含在这些表演之内的深厚文化底蕴。

临近出发，每个人的精神都是紧绷的，生怕出什么纰漏，这时的办事效率也就骤然提升了不知几个等级。服装、主持、记录、队形，一件件任务被分配下去，即便是有异议也都在那一个下午商量完成。那一刻，我们没有了平时孩子气的玩笑打闹，多了一些思考、几分成熟。就是那一刻，我真真切切地感受到我们是一个团队，是一股紧紧缠绕在一起的力量。

到了美国也是一刻不敢放松。即便是在异国他乡，冬天的寒冷也冰封不了我们的热情。在酒店时，老师就将同学们号召起来练习。

同学们明显比在学校时的表现更加纯熟了，甚至多了几分大师风范。这大概就是“习武之人”用心“修行”的结果吧。从动作到队形，从一个人到一整个团队，无一不透着一份浓浓的中国味。

就这样练习了一遍又一遍，终于到了表演的那一刻。舞台是体育馆里被同学们围出来的一片区域，没有绚烂的灯光映衬，亦没有华丽的音响陪衬，我的内心却无比激动。一种兴奋、一份激动、一些自豪从我心里涌出。太极的音乐响起，伴随着“起式”的声音，这股自豪感达到了最大化。周围异常安静，我心中却波涛汹涌。每一位同学都默默跟着节奏打出流畅的拳法，大家似乎在练习中已产生了丝丝默契，仅仅打好自己的一份，便知道做出的效果一定是完美的整体。“野马分鬃”“揽雀尾”“搬拦捶”，一个一个动作衔接起来，蕴含的是以柔克刚的中庸之道。

随着“收式”站定，周围响起了雷鸣般的掌声。我们的表演并不是那么完美，动作并不是那么标准，但我的确感受到了它的震撼力。还记得表演结束后美国小伙伴告诉我那表演有多么精彩时的那份激动与骄傲。那是努力的成果，是合作的力量，亦是中国传统文化带来的无穷魅力。

我从没像那天那样热爱过太极。

太极表演结束后和当地记者合影

点评：太极带来的成就感（任兴华）

说来也巧，太极拳是我校学生的必修课。赴美之前，我们还特意购置了太极服。到美国还真就派上用场了。小小的展示不仅吸引了学校百十号学生和老师，当地报社还做了报道。从这个经历里，孩子们也不难体会到，多学点传统文化大有裨益，以后到美国求学早晚能用到。俗话说“技多不压身”嘛。诚如宋金迪同学所说：“我们仍想把这传统文化最好的一面展现给他们，依旧希望以最标准的动作表达蕴含在这些表演之内的深厚文化底蕴。”

感言：文化交流的硕果（朱小棣）

这篇及接下来的两篇作文都是围绕文化交流中我国同学带去美国的中国传统文化节目写成的。宋金迪同学参与的是太极拳表演。从文中我们不仅可以看到她和同学们成功展示太极魅力，更可以体察到她在这次集体活动中的成熟与成长。其中一个重要方面，就是感受集体力量、养成团队合作意识、培养集体荣誉感。我在前面也特别提到过这一方面的重要性。学习与人合作，学会承担责任，是人生成长过程中极为重要的一环。目前中国学生绝大多数属于独生子女，这方面的教育尤为重要。

我来美国后，经历过好几次文化冲击，有时是前后交替、看似相互矛盾的，因而印象也就特别深刻。八十年代后期我初到美国，尤其是作为一名自费留学生，突出体验到的就是集体感的突然丧失，以及美国随时随地处处需要个人作出选择决断。选择越多，自由度越大，自我决断的责任性也就越强，一切都必须要自己对自己负责。

可是我在九十年代进入职场以后，突然发现到处都在强调着团队合作精神，从用人招聘到岗位升职，都会对合作关注有加，甚至出现一些之前不久刚在中国被淘汰掉的企业文化或曰单位文化。“文革”后在中国一度消失并久违的模范员工光荣榜，竟然也在美国各地出现。包括到超市去买东西，也会看到墙上张榜表扬的员工及其照片，而奖励的原因也全都是合作助人的典范而非营销业绩。一时之间让我恍如隔世，有一种穿越时光隧道的感觉。

九十年代中期，我有幸加入一家顶级国际大公司参与企业咨询一类业务，并被公司高层领导召见。他们当时正在策划打入中国市场，想要听听我的意见。他们的杀手锏武器就是强化团队合作精神。我在一旁听了不以为然，于是就跟他们说，中国大陆刚刚走出“文革”阴影，好不容易引入了承包责任制，处处强调独打单干，他们这一套恐怕未必会有市场。他们当然听不进我的意见，后来的结果自然也就不必我多说了。

其实，交流合作，其重要性是不言自明的，但是历史文化积淀和传统因素的影响也极为明显。如果盲目宣传，也会有啼笑皆非的结局。山东省实验中学把太极拳作为一门必修课，自有它地缘性影响和历史性选择的优势。因而作为一个集体性文化交流节目，也就特别合适。但是如果作为一项个人选择的文化交流项目，我就更希望看到每一个选择者能够按照各自的个人喜好，陶醉于某一项传统文化项目，也因此而选择这一项目，而不仅仅是由于某一项目流行或是国际知名度高，就来展示这一节目。只有这样，才能避免鲁迅先生讽刺的那种“送去主义”。

静 纳

傅嘉欣

我想我会一直记得，芝加哥巴灵顿的中学里，一张素琴，一段谈不上余音袅袅的旋律，和满屋带着好奇与惊叹的目光。

这并非是因为我的什么特长，而是我泱泱华夏传统文化所独有的魅力。

非常荣幸能有这么一个机会，经我的手，把部分中国多年来的文化带到美国去做展示与交流。琴棋书画诗酒花，我带去的琴不过只是偌大古典艺术的冰山一角，从介绍基本尺寸构造，如何反映先民对自然天地的敬畏，到一首流水，一个焚琴断弦寄知音的故事以示友谊。我知道我做得不够好，一来我的语言表达没那么顺畅，二来琴技不够熟练，能支持他们听下去的，大约还是琴本身的魅力。

古人云琴养心，七根丝弦十三徽，勾托抹挑间就是别样风华。我自知学的是皮毛，养不了心，却至少能够静心……这也是我即使五调不晓却还执着于琴的原由。

古典乐器与现代乐器相比，最惹人青睐的是它们独特的岁月感。明明只不过一段木头横在眼前，触及时质感微微发凉，便不由自主地想着安静。

安静，在我眼中，是现在的我最缺少的心境之一。当然，我相信不止我一人。

经济与科技的发展诚然有利，可是带来的弊端大家都心知肚明。当人人都抱着电脑抓着手机脑子里装的是新的科研产品的时候，我们需要借一个契机，让自己冷静。

冰冷的科技怎能与这些一刀一刀斫出来的艺术品相比，怎能和这些不知在岁月中来往徘徊了多久的古文化相比呢？

我们，想着怎么样玩得开心过得便利，忘却了祖上死于安乐的教导。想着新奇古怪的大千世界，在五彩缤纷的现代产物里迷得醉生梦死，蹉跎自身。谁教我们冷静？尤其是中国的儿女，若连引以为豪的千年文化都弃之如敝屣，拿什么去在平凡的柴米油盐里，静心度日，看懂真正的追求？

人不可不记初心，这是我给自己的底线。周围惹我好奇的事物太多，我不得不闭上眼，在适当的时候摒弃其他，放纵自己沉醉在这些事物里面。

我怕我活得盲目热情。

当日被巴林顿高中的音乐老师以参与者的身份领进交响乐和音乐知识课堂的时候，我抱着琴，看见一双双眼睛望着我怀中的物件，我觉得隔了这么远将它带来，值得。

文化传播注重往来交流，虽然我不至于雄心壮志想把琴带至各地，但能够为他人展示我也是真正地开心，或许还有些自豪。

懂乐之人不在意国界，文化亦没有边界。我欣赏巴灵顿的同学，他们有足够的时间让自己心静。演奏前日我旁听交响乐课，二十多名同学虔诚地奏起提琴的瞬间，是一朵花开的声音，如千年古刹老钟敲响，又好像日出时分日光洒满。我不怎么懂得西洋乐器的文化，心底那种震撼却无需多言。

我讲我所了解的琴，弹我心爱的曲。人说古琴悦己，然而我跪在琴边拨起第一根弦的时候，所悦的早已不仅是自己。

我所喜爱的文化，我荣幸被人接纳。

这一程让我不曾想过的还有巴林顿的中文学校，我看着一群金发碧眼的孩子字正腔圆、一本正经念着中国的文字，我接过他们递过来的工整地写着我的中文名字的贺卡，我倚在墙上欣赏一张张他们稚嫩的手写出的方块字。

或许是自豪，或许是感动，自此，我亲眼看见中国自己的文化终于传播在另一片土地上，中国终于不再简单刻板地被陈年往事里的印象所束缚。

它们有自己的生命，生生不息。

因为赶上除夕时节，我们还在华盛顿安生教育总部办了一次庆祝会。算是一群海外的孩子自娱自乐。

或许以后真的背井离乡，手里握着的这些，是我们对家乡的眷恋。

一身古装的傅嘉欣为美国小学生介绍古琴

点评：感性和理性兼具的才女（任兴华）

傅嘉欣同学思想独立，又情感丰富，在我眼中是个很独特的女孩。当时她毅然抱着琴走上了国际航班，我还担心长途跋涉是否会让她后悔自己的决定。但是看完这篇文章，我有了答案。她说道："我抱着琴，看见一双双眼睛望着我怀中的物件，我觉得隔了这么远将它带来，值得。"读完她的文章，我内心也沉静下来，能够体会到乐器给人内心的改变，"明明只不过一段木头横在眼前，触及时质感微微发凉，便不由自主地想着安静"，她是用心在体会。没有陶醉于美国孩子的"崇拜"，却感觉"我所喜爱的文化，我荣幸被人接纳"，这个孩子没有浮躁，内心静纳。

感言：千里送琴共婵娟（朱小棣）

傅嘉欣同学无疑是才女，岂止在任老师眼里独特。从她毅然抱着琴走上了国际航班的那一刻起，她就已然伴随一份独特驰骋万里。从她简短的文字里，我们也可以看出她性格的独特，字里行间甚或弥漫着一丝众人皆醉我独醒的沉静与孤傲。

但是真正打动我心的其实是文章里的最后一句话："或许以后真的背井离乡，手里握着的这些，是我们对家乡的眷恋。"作为一个过来人，我也有过她所经历的感情涟漪，自豪过祖国的传统文化，窃喜过自己的传布之力，欣慰过被接纳的眼神，得意过异国的掌声。可是待到一切尘埃落定之后，归于寂静后的日子里，一张古琴的意义，早已不在于被接纳，也不在于修身养性，而真的是，不是或许，切切实实在于：背井离乡的我们，手里握着的这些，是我们对家乡的眷恋。

我不会古琴，也不会琵琶，至今仍对二者之间在中华大地的历史命运，说不清，道不明。为何古琴就一直被视为高雅，成为供在天上的阳春白雪，而琵琶，则从敦煌的飞天，直落入长三堂子里经常与青楼为伴。可是我的心，则永远跟随着琵琶走，只要琵琶琴声一响，耳朵就会自然地竖起来，我也不知道是为了什么。

苏州评弹里的弹唱配乐和越剧伴奏里的琵琶声声，都会让我心猿意马，魂不守舍。也许还是有个人原因的。我的童年，几乎每天晚上，都是在越剧舞台的大幕后面度过的。而苏州，则本来应该是我的第二故乡，却几乎一天也没有在那里住过。如今待在美国躲进小楼成一统，琵琶声，扬起的永远是对家乡的眷恋。

文化交流，不是为交流而交流。骨子里的喜爱，是第一位的。只要喜欢，只管悦己，何需悦人。喜欢了，就是你的，你也就融化在了这一文化当中。你的陶醉，最终将引来诧异的关注，尊重的理解，兴奋的好奇，愉悦的分享。无论古琴还是琵琶，都会有共鸣，千里共婵娟。

感　悟

李明泽

当我第一次听说去美国要表演节目时，我是很惶恐的，因为我自从上高中以后就基本没有碰我的二胡，怕到时候在国际友人的面前出丑。我要考虑的是如何将传统的中国古典文化很好地表达出来，让外国学生轻松领会“花落水流红，闲愁万种，无语怨东风”的意境。

我首先去拜访了我的二胡老师——一位德艺双馨的老二胡艺术家，讲明了我此行的来意以及时间的紧迫性，老人听完后立即拍板给我定下了《良宵》和《赛马》两首曲目，说这两首作品很具有代表性，也很容易让同学们理解。于是，我开始在期末考试来临之期，每个晚上抽时间去老师家练琴，在学习之余，挥舞着琴弓与泛着清光的弦一起翙翙其羽，练习着两首曲目。我的妈妈还特别从服装店给我租来一身旗袍。

虽说二胡本身并不是特别重，但带着它飞过了太平洋，跨越了 5 300 公里到了美国，又从阿拉斯加转机到芝加哥，也是让本身就携带着十几斤重箱子的我叫苦不迭。我在心中默默祈祷着，愿我的努力和付出会有回报。

等到了我的美国小伙伴真理子的家中，她们都对这个来自于神秘中国的乐器表示了极大的兴趣，真理子主动表示想让我和傅嘉欣——一位演奏古琴的妹子，在他们的乐器课上表演，说他们的老师一直很喜欢中国的音乐。真的到了表演的那一天，我才觉得音乐是没有国界的，美国的学生具有很高的音乐理解力，在没有任何外界的解释下，他们可以把握欣慰悠扬阖家团圆的《良宵》和辽阔驰骋无拘无束的《赛马》这两首曲子的整个脉象。当我问及台下的那群音乐高材生（他们大部分都具有小提琴十级的水平）愿不愿试一下的时候，他们真的是很热情地举手。虽然效果并不好，但当那位勇敢的男生下去的时候，整个班级还是响起了热烈的掌声。当中西方文化碰撞，当小提琴的高贵遇上二胡的典雅（尽管我觉得他们的水平远远地超过了我），在我心中原本只是一场普通的表演瞬间升华成了一次音乐的会面，无关水平，无关国界，无关年龄，只有真诚与和善，只有友谊和交流。

在美国的几次表演中，有一次让我记忆深刻。最后一晚，在即将离别的不舍和家长老师观看中的紧张之下，我竟然将原本很熟的曲子给忘掉了。尽管我本着“一条不归路走到底”的精神拉了下来，但我也知道这次表演砸啦！但是他们还是为我鼓起了掌，其实在电视上经常有这种画面，可是当真正地发生在自己身上的时候，那种感觉就好像是在寒冬腊月里有了一盘炭火，里面还有几个烤土豆的幸福。在那一刻，我真真正正地想到，这次去美国的留学经历我是一辈子忘不了啦！

在美国时，还有两个对于我们学习音乐的启发。第一个就是在巴林顿高中里，有音乐特长的同学可以自愿地参加乐团课，由老师指挥他们合奏。但在中国，因为繁忙的课业、紧张的压力，我们并不会有这种机会和同学在一起交流音乐，但这种机会是很有益的。打个比方，就我们班来说，几乎人人都会一门乐器，即便不开乐团课，为什么不能给我们提供这种机会来做乐团呢？想想一个班的同学组成一个乐团，那会是一件多么酷的事啊！第二个是来自我的小伙伴真理子家庭的启发。真理子和他的弟弟约翰的小提琴水平极高，但是当我知道是他们的妈妈——一位温柔慈爱的日本籍医生教会了他们小提琴的时候，我被震惊了。在他们家，妈妈会钢琴，三个孩子都会小提琴(最大的姐姐已经去上大学了)，爸爸也多才多艺。有一天晚上，他们一家三口一起演奏了一首肖邦的曲子，那种氛围至今都给我留下了一种神奇的印象。这种方式不仅节省了钱财，还可以促进家人之间的感情交流，可能在她们看来这更是一种交流传承家庭精神的仪式，而不是单纯地“传道授业”。偶尔兴起，大家还可以一起表演一出小型音乐会，独奏合奏精彩纷呈。

李明泽为美国小学生介绍二胡构造

当我回国后仔细回顾这次旅行，我愕然发现其实这两种方式充满了美国精神，体现了人与人之间的关爱、互助、交流和共进，代表了他们的文化素养和人文素质。我们何不学习这些闪光点来丰富自己的生活呢？

大概会有一天，我们的古典音乐的传承也可以成为代代相传、辈辈相守的美好佳话吧！

点评：音乐是无声的语言（任兴华）

李明泽是毅然带乐器上国际航班的另一个姑娘。她的感受和盘托出，携带乐器的疲劳落于笔下，直呼“叫苦不迭”；演奏二胡带来的满足感让她飘飘然，也不避讳；看到寄宿家庭一家演奏音乐，还有点小崇拜。演奏惊险过关，观众起立鼓掌时，那种感觉更是描绘得栩栩如生：“那种感觉就好像是在寒冬腊月里有了一盘炭火，里面还有几个烤土豆的幸福。”这个感情外露的姑娘确实也是用心在感受，“无关水平，无关国界，无关年龄，只有真诚与和善，只有友谊和交流。”

感言：大音无疆（朱小棣）

任老师这次点评得极好，全都是我想要说而无需再说的话。可以延伸的感悟只有两点，一是李明泽同学也再次提到了对中国班级乐团的憧憬。其实我们有时候真的是无意间丢失了许多大好机会。这样的好事何乐而不为呢。如果要说有阻力，什么学业考试压力之类，难道不正是我们应该也可以借此机会改革破除的吗？让孩子在学校集体演奏吧，这比强行减负、赶孩子下午尽早回家不知要好多少倍。

二是文中提到的小伙伴一家，醉心音乐，其乐融融，真的是高手在民间啊。其实这也是我多年来在美国居住生活观察得到的一个现象。很多人，平时交往不留意，根本不知道他们对音乐的爱好和造诣之深。猛然了解，都会大吃一惊。后来此类新闻层出不穷，我也就见怪不怪，不以为意了。其实，你只要稍稍深想，就会体悟到音乐在教育和人的发展中的重要意义。

李明泽同学因而也在最后写道：“我愕然发现其实这两种方式充满了美国精神，体现了人与人之间的关爱、互助、交流和共进，代表了他们的文化素养和人文素质。”我很钦佩明泽同学的这一认识升华。这可不是我前面提到过的中国学生作文喜欢拔高升华的"中国特色"哟。这是一种实实在在的深刻观察和认知。我祝贺她,在文化交流中,自然而然地达到了"拿来"与"送去"的根本目的。

走笔至此,恰巧今年的"中美青年大使"项目活动刚刚结束,又有新的捷报传来。美国北卡罗来纳州艾瑞山市的市长特地宣布把他今年接见"中美青年大使"的日子定为该市的文化多元日。足见该项活动起到了民间外交的良好效果,令人十分欣慰与振奋。

第二部分

老师眼里的美国课堂和家庭教育

任老师和寄宿家庭成员

导读:好学好问好写的“三好”老师(朱小棣)

2015 年中国大年夜,美国安生文教交流基金会华盛顿总部开阔的空间里充满了欢声笑语,欢笑声中传来的是英语和汉语的热闹混合。此时,华盛顿哥伦比亚特区当地的一所高中的美国孩子们,正在他们汉语老师的带领下,加入一大批来自中国大陆的高中生和教师中,共同欢度这个传统的中国节日。这一欢腾场面,被《人民日报》记者、《中国日报》记者以及其他当地中文媒体的记者们一一摄入镜头,细加采访报道。

我作为这次活动的东道主和组织领导者之一,正在忙进忙出地张罗着一切。就在我返回自己的办公室里喝口水、喘口气的当口儿,来自山东省实验中学的一位带队教师,任兴华老师,忽然脸带微笑、神秘诡异地朝我走来。一番简单自我介绍之后,他单刀直入地问我,作为一个已经出版过好几部书的我,怎样看待他正在策划的写作计划。他想让他的学生们和他一道来用文字记录下这次访美的真实感受。这样的文字会有价值,能够出版吗?

我当即回答说,这是一个很好的想法,肯定会有价值。如果我们努力认真地去做,也许会有出版的可能。我愿意帮助你实现你的想法,共同努力。他听了以后连连点头,似乎很欣慰,高高兴兴地退出了我的办公室。说实话,我当时虽然也兴奋于他的想法,但并没有真切地等待着看到结果。谁知刚刚半年过去,他就来信寄来了他和全班同学的访美手记。我急切地捧读着每一篇文章,很快发现这是多么有意思的文字记录,只要细加品味,深入分析,就能挖掘出许多精彩话题,逐一加以讨论阐发,对于比较中美高中教育现状异同,研究教育目的、方法、原则以及课堂内外的教育文化环境、人文思想变化、社会制度沿革,都会有很大启发帮助。于是我立刻给他复信,表示将投笔加入,与之共同努力,打造出一本生动活泼、实例丰富、思想深邃的异类图书。

任兴华老师在当今的中国高中教师群体中,恐怕本身就是一个异类。直到我看完他的初稿,都还没有弄清楚他是哪个学科的教师。他在美国期间入住两位物理教师家庭,也许是个教物理的吧,我猜想。可他显然喜欢写作,很可能是个语文老师。结果我都没猜对,原来他是个英语老师。难怪他较少语言障碍,能够自如地和东道主学校的师生员工以及临时入住的学生家长家庭打得火热。

他带着一颗好学好问的头脑，在好奇心的驱使下真诚地探索，直爽地提问，认真地考察，仔细地琢磨，试探性地总结。对比判断，一丝不苟，刨根问底，竭力弄清来龙去脉。你从他的笔下，不仅可以看到一所美国高中全方位的透视，更能体会到他本人简直就像是一个学生一样，充满好奇。正是这一点，能够让他充分学到许许多多的新鲜知识，成为一个好老师。而我们今天国内教育的许多失败，正是由于泯灭窒息了广大学生的好奇心和求知天性。我希望大家都来跟着任老师的双眼和笔录，窥视一下他所了解到的一所芝加哥附近的美国高中吧。

西莱顿高中冬景图

学校组织篇

美国中学的管理结构

美国每个学区都设有董事会，它是学校的最高权力机关。美国学校董事会成员大多由校外人士组成，董事会必须代表不同社会集团和阶层利益，其成员往往包括各方面的代表，有政府官员、企业家、法官、律师、牧师、其他社会名流等。董事会成员需要竞选和投票。我寄宿家庭的主人乔虽然拥有博士学位，但还是通过竞选成为他孩子所在学校的董事会成员的。

我们知道学校的负责人是校长（Principal）（国外当然没有书记啦），校长向谁汇报工作呢？在国内是教育局局长。在美国按照学区划分，每个学区有一个总监（Superintendent）负责该学区所有中学。这个总监又向学区董事会汇报。

校长下面有两位副校长（Assistant Principal），分别负责教务和学生管理。还有两位政教处主任（Dean），负责学生常规和纪律。

这五位是学校的管理人员。举行揭晓光荣榜（Honor Roll）这个重要活动时，这五人要出席，坐在主席台并讲话。

负责学生管理的副校长和两位政教处主任通力合作。每个学科有一位负责的老师（相当于国内的教研组长），称为Chair，负责教务的副校长和他们共同负责学校的教学。

班级管理模式

美国高中采取“走班制”。“走班制”是指上课的教师和教室固定，学生根据自己的学习能力和兴趣选择适合的班级上课。在“走班制”教学中,不同层次的班级教学内容、作业布置、考试难度是不同的,学生获得的学分也不一样。此外,走班教学的优势不仅体现在课堂教学中,在学生自主管理、社团活动、社会实践等方面也发挥了作用。

在美国,几乎所有公立、私立、特许中学的八至十二年级均采用“走班制”。“走班制”教学的实行,给每一位学生提供了认识更多教师的机会。学生在领略不同教师教学的同时,也为自己的成长奠定了基础。

每到课间,学生就从教室蜂拥而出,各自奔向下一个教室,拥挤却有序。

教师的个人“名片”

每位教师有自己的教室,办公桌也在教室内。每个教室相当于老师的“名片”,所以每位老师会花很大的心思装扮自己的教室:既符合学科特点,又充满个人特色。让我印象深刻的一点是教师会把自己家人的照片贴在最中间,这也是大部分美国人家庭观念强的一个明证。我还看到一位老师在办公桌上贴了座右铭。老师们会给自己制作海报,贴在教室的门上,作为自己的教学品牌,希望学生能够选自己的课。

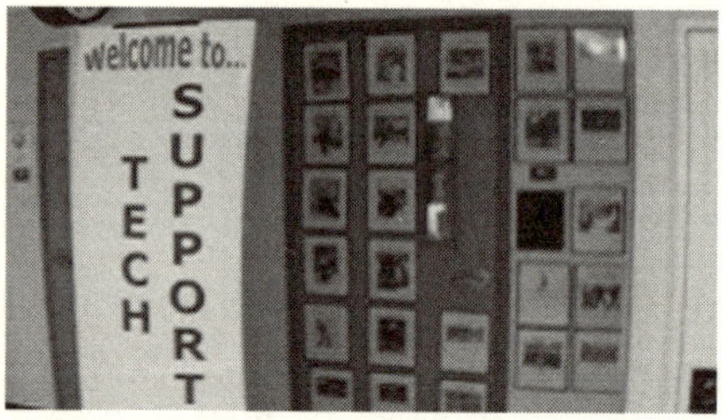

老师也给自己的课程“做广告”

教师的职责

因为每一位教师有自己固定的教室,这就是他们的名片,也是他们的价值所在,所以他们会很用心经营自己的教室文化,重视教学质量。他们需要对这节课的所有内容负责,包括教务和班级管理。同时学校又赋予他们管理的灵活性,每个老师的管理风格也是因人而异。

听课后,我和两位历史老师约翰、杰瑞合影

我的“傻”问题

在和政教处主任交谈的一个小时中,我问到了很多问题,现在想来这些问题都有点傻。请看看我的问题:

允许学生吃零食吗?

如果学生乱说话怎么办?

学生迟到了怎么办?

……

我期望得到的是他的明确答案。我预想学校应该对这些问题有统一的处理措施,就像国内学校一样,一律“杀无赦”。

没想到他耸耸肩,说这要看老师怎么处理,这些小事情,他是不会拿出统一处理方案的,每位老师有自己的处理办法,只有当学生严重违纪了,老师才会向他汇报。

美国高中的必修课程和课程难度

美国高中的必修课程主要集中在数学、英语、自然科学、社会科学四大类几十门课程,这几十门课程根据难易程度又分为普通、强化、大学预修课程

(AP)、大学课程几个等级。

我们来简单了解一下这几大类课程。

英语:美国学生从小学到高中毕业,每天至少有一个小时的英语学习时间,英文好的学生小学四年级就可以读小说,词汇量差不多就达到两万了。咱们就算从小热爱英语,比起美国人说了十几年的水平还是有差距的。一般来说,口语、听力两至四个月就能适应,文学修养、阅读速度就要慢慢培养了。

数学:高中大多要求学生修读3年数学课程。在美国,中国被称为数学大国,数学是咱们的强项,而美国学生一般小学毕业还不会背乘法口诀,初中毕业可能还不会解一元二次方程。通常美国学生九至十二年级数学学习的顺序是:代数→几何学→高等代数(代数II)→微积分预科(或者三角函数和普通解析几何),微积分算是一门大学课程,九、十年级开设有代数、几何的强化课,十一、十二年级有高数、微积分的大学预修课。

自然科学:有些课程中国学生没学过,中国学生有基础的是物理、化学、生物、地理这几门课。美国学生九至十二年级普遍的学习顺序是:生物→化学→大学预修生物或化学→物理。同行我的高一学生反映他们听高三的课基本能跟上,可见难度比国内要小一些。

社会科学:美国政治、历史、圣经等课程,中国学生不仅不了解背景,而且如果词汇量达不到,阅读弄明白就非常吃力,再加上要用英文写论文作业,难度可想而知,刚到的学生与其他同学相比,往往要花3～5倍的时间来完成作业。同学反映听他们的社会科学课,简直像是在听天书。我所在的学校在高一会开设美国历史课(American Study),高二会开设世界历史预科课(pre-World History)。

为人师表篇

国内老师的倦怠

我工作快十个年头了，一方面感受到了教育带给自己的幸福感和成就感，一方面也能深深体会到教育的倦怠，遇到缺少激情、专业无法突破等瓶颈。我访美的一个重要目的，就是看看洋和尚怎么念经。

通过细心观察，以及和老师们的交流，我有了点自己的想法。任课老师方面，国内老师没有"名片"意识，管理者没有给老师"名片"，老师们也就没有那么大的主动性。老师做得好不好，不像国外一看教室就知道，老师创造性的成果不好保存展示，到最后比来比去，就是枯燥无情的分数。

国内学校的管理责任主要在班主任身上，班主任会议太多、琐事太多、烦恼太多。

国内的管理整齐划一，如果主任检查发现有的同学睡觉、吃零食，那就是老师的失职，老师在管理上没有自己的弹性。

这些可能部分解释了任课教师的倦怠。

美国教师的状态

我们再来看看美国教师的状态。

回国后，有同事问我，美国教师的状态如何。我思考了好长时间，回答："我所见到的老师也许不能代表全美教师，但是就我所见，他们忙碌而高兴。"

西莱顿高中虽然两点半就放学，但是教师在学校的时间大部分在授课或者备课，有效时间不比国内少。我没有发现网购、炒股或者看电影的人。

为什么美国教师幸福指数高呢？

我所见有这么几点：诚如我上文提到，每个教师有自己的"名片"，这激发了他们的责任意识。每个教室充满特色，这满足了他们的个性意识和创造意识。老师和学生之间关系融洽，员工之间、领导与员工之间关系平等尊重。薪水不算特别高，但只要自己努力，可以让家人过得很好。他们选择职业之前，有细致的指导，选择教育工作，说明他们喜欢。所以他们不是把教育当作挣钱的工具，而是当作爱好和事业。

老师可以做好几份“工”

在国内，老师这一辈子可能就教这一门学科。北京十一学校在校长李希贵的倡导下，由非体育老师教体育课，在国内引领风尚。而在和西莱顿高中的老师交流时，我得知他们中的很多除了担任本职工作，还有兼职，这让我大开眼界。我的寄宿家庭主人乔除了担任物理教师，还负责学校的学生社团管理工作。而另一个寄宿家庭主人布拉德除了担任物理教师，还担任学校田径队教练，这真让我大吃一惊。后文中要提到的升学中心主任杰克逊还兼任学校网球队教练。这些老师真是一专多能啊！

其实国内的很多老师也是一专多能的，我们学校很多老师通过教校本课程，发挥了自己的才能，很多老师还在这些兼职领域著书立说呢。这里我有两个想法。第一，教师也该有“自留地”，在认真完成教学任务的前提下，可以按照自己的喜好和特长种点儿自己喜欢的“粮食”，愉悦自己，也丰富学生的生活，何乐不为？第二，如果有可能，教师也可以有段时间“停薪留职”，去“象牙塔”外面的世界看看。有时候，我也抱怨教育行业行政化严重，条条框框过于约束。但后来随着看得多了，思考深入了，也慢慢想明白了一些道理。第一，中国最大的现状是人口数量太庞大，很多社会问题都源于此，教育也不例外。教育主管部门会根据现状制定教育政策、进行统一管理，这种管理肯定是“大而化之”的，可能对某所学校、某个个人不是那么适应。第二，自己要主动做出调整。如果自己真正有想法、有才干，那么不要指望教育主管部门为你自己制定政策，自己要主动一些。在做好本职工作基础上，和领导主动交流，相信领导会支持你的想法。

现在是很多人不做，只骂，不敢做，但敢骂。

师生关系篇

融洽的师生关系

谈完教师，我们再谈谈师生关系。我给自己提了个问题，用什么词形容西莱顿高中的师生关系最恰当。我想，不能用敬畏，而应该是融洽和尊重。

学生们会和老师谈天说地，但是不会勾肩搭背。

学生们会向老师提出不同看法，但绝非刁难。

下面的故事就是一个绝好的注脚。

校长收到的“情人节”卡片

一天早上，瓦格纳校长带我参观学校，当时还没有开课。那天是2月14日，是情人节。我在瓦格纳校长办公室门上发现了一张手抄报，上面写道“HAPPY V－DAY MR WAGNER”（瓦格纳先生，情人节快乐），这让人倍感亲切。

还有一个有意思的小插曲。情人节那天，我和瓦格纳校长参观学校，迎面撞见一男一女。男孩手拿鲜花，女孩一看到我拿着相机，马上把脸捂上。男孩有点着急，立刻解释说，他们不是男女朋友，是好朋友，这朵花是要送给需要鲜花送人的同学的。呵呵。

图片文字：瓦格纳先生，情人节快乐

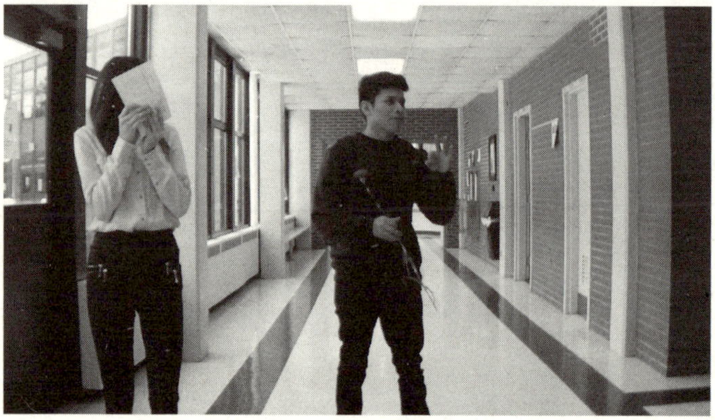

为“需要的人”送花的学生

互相尊重的意识

我在西莱顿高中的这几天，时时刻刻感受到了一种融洽。在学校的几天，我试图通过对细节的观察，找寻背后的原因。等我快要离开的时候，我可以诚实地告诉自己，这种融洽来自于真诚的尊重。

学校领导和教师对学生充满尊重。

瓦格纳校长看到学生，都会主动和学生问好，甚至叫出一些学生的名字来。60多岁的瓦格纳校长竟然好几次见到学生，并且叫出了他们的名字。

每天早上，两个政教处主任都会站在学校教学楼入口，穿着正装，和颜悦色地向每一个迎面而来的孩子问好。

上课前，老师在教室门口迎接每一个孩子。老师在课堂上认真耐心解答学生问题，学生有问题不用站起来。我看见一个男老师，直接单腿跪地，和学生保持统一高度。

在国内，领导更多扮演监督管理的角色，即使有时站到校门口，也是满脸严肃地查迟到。学生问问题需要站起来，对老师的解答表示尊重。有的学生还会在起立后微微鞠躬。这些在美国学生看来可能是天方夜谭，但是在国内确实真实存在。

历史不同，各有道理。

我们崇尚"师道尊严"，但现在更多的老师接纳了西方民主教育的思想，教育主管部门的理念和政策也在慢慢改变，我看到的是东西方慢慢融合的教育。但愿教育思想的碰撞和融合，能造福我们的孩子。但还有一点，就是不要失去自己的历史和特色。盲人摸象不可能有全局观，东施效颦让人嘲笑，而邯郸学步却更是在努力改进的路上迷失了自己。

和蔼可亲的瓦格纳校长

美国的管与不管

诚如上面所说，校园里充满了尊重的氛围。这种氛围又如何影响到了学生管理呢？如果您是一位老班主任的话，可能特别在意学生的发式。男生留长发，女生披肩发，甚至染发，这在国内学校是够得上记过甚至开除的程度的。而在西莱顿高中，这种现象司空见惯。

在国内，很多孩子也是羡慕国外的“自由”，包括发式自由。尤其是女孩，总喜欢个性些的发型。后来我思考了这个问题。

中国历史悠久，朝代更替，但都有固定的发式。这是我们的传统，也深深影响到我们的审美。而美国是移民国家，他们也带来了不同的文化，包括发式习惯，想像中国一样形成某种大家普遍认可的发式，那是不可能的。

我见到一个披肩发的男生。见到他第一面，我就开玩笑地和他说：“你不是中国人吧？”他也笑了，说：“对，我是菲律宾人。”菲律宾和中国的传统自然不一样，这也影响到了一个人的精神和面貌，以至于即使都是黄种人，也能一眼看出是不是中国人。

我与各种发式的学生合影

几天后，我们到达华盛顿哥伦比亚特区，我见到了我的一位姓孙的学生，他在特区留学。我告诉他这件事儿。他说，中学时特别叛逆，审美有那个年龄段的特点，总觉得头发长点好看，有个性些更吸引人，现在没人管了，课业负担重了，反而觉得短短的、利利索索的，挺好。反正我见到的中国留学生头发都没有过肩的。

安全保卫篇

美国校园的安全保卫工作也是一个不容错过的观察角度。

校园警察玛丽

对于美国来说，最惨烈的校园暴力事件莫过于发生在2007年4月份的弗吉尼亚理工枪击案，该事件使校园安全问题得到空前的重视。此后，美国在校园安全问题上走上了一条力图"防患未然"的道路。于是很多美国校园都有专职警察。我在西莱顿高中就遇到了一位校园警察，她叫玛丽。神情严肃，不苟言笑，一眼就能看出和周围热情周到的老师的不同来。后来我得知，玛丽不是学校职工，而是正牌警察。后来，玛丽还告诉我，她腰上随时别着枪呢！我见到玛丽就充满了敬畏，以至于都忘了要求和她合影了，真是遗憾！

再后来，才得知早在20世纪60年代，美国各州就设立了校园警察一职。大多数综合型大学或学院都会在学校范围内建立完备的校园警察机构，而校园警察会行使与真正的警察同样的权力——可以携带枪支和拘捕犯人。一些中小型学校则会与一些提供安全管理工作的公司签订契约，聘用经过专业训练的保安人员来保护师生及员工。这些"私家"警卫人员也被允许携带警棒或者电棒。

校长——key man

美国绝大多数中小学的校园都没有围墙遮挡，属于半开放的状态。虽然如此，但美国的中小学校园安全保卫工作其实很严格。

在美国许多地方，要进入幼儿园和小学，必须先按门铃登记。外来者在学校活动的时候必须佩戴标明身份的标志，如“家长”“志愿者”等等。在孩子放学的时间段内，学校附近一般会安排交通协管帮助维护秩序，防止意外事故发生。同时，学校也会随时对家长进行安全提醒。

我们发现不同的教职员工配备学校钥匙的数量不同，在西莱顿高中，瓦格纳校长有所有门的钥匙，一般员工只有自己办公室等部分房间的钥匙，所以我戏称他为“key man”（重点人物，字面意思是“管钥匙的人”）。而我们在哈佛发现的也不一样，哈佛也是开放式校园，每位学生有不同的“钥匙”，一个小小的电子卡片。哈佛太大了，校长估计不可能成天带着所有钥匙。

美国中学实行“走班制”，学生没有固定班级，学习资料、个人随身物品不便存放。因此，美国高中的很多公共走道旁都会放置一整排柜子。学生自己带锁，将随身物品存放在里面。美国从小学就这样要求学生管理自己的物品，增强学生的责任意识。此外，学校还尽力构建强大的社区安全网络，并且特别重视志愿者在维护学校安全中的作用。

培养学生安全意识

除了依靠警力保障校园安全，美国的学校还致力于培养儿童树立安全意识与求生能力。美国的幼儿园经常通过灵活多变的手段增强儿童的安全意识。在户外活动时，为了培养孩子预测、判断、躲避危险的能力以及探索、创新、自主的精神，教师允许孩子尝试各种他们自创的具有“冒险性”的活动。

美国教育部门还设立了专款，帮助学校进行紧急疏散演练，训练孩子如何应对歹徒入侵校园这样的紧急情况。除此以外，学校还要进行火灾、地震等灾难演习。按规定，学校每个学年都要进行一到两次安全演习。

虽然防范措施如此严密，但美国校园暴力事件仍时有发生，这不能不说是美国社会问题的冰山一角。

人性关怀篇

我国文化宝库中关于人性关怀的篇章俯拾皆是，比如“老吾老以及人之老”等。这些文化又在不断的历史长河中，铸造了我们的民族性格。在此行前，我就思考：美国这方面做得怎么样呢？

免费的午餐

一日，瓦格纳带我参观学校餐厅，环境优雅整洁。孩子们三三两两围坐一团。因为这是所公立学校，所以我就问他：“午餐是不是免费的？”瓦格纳解释说：“午餐是自费的。”不过，他又一顿，说：“有些情况，也是免费的。”我想继续追问，瓦格纳却不再继续话题，而是告诉我跟他走。一会儿，我们出了餐厅。瓦格纳告诉我，有一些孩子家庭特别困难，学校就减免了午餐费用，由学校承担。我才明白刚才瓦格纳校长为何欲言又止了。

我问：“孩子应该不知道实情吧？”

瓦格纳校长说：“他们不知道，否则他们可能会产生自卑心理。”

Cisco Strong（西斯科，加油）

次日一早，当我走进教学楼时，看到瓦格纳和其他学校领导站成一排问候师生。看到我，瓦格纳拿出一个手环，说他们在搞一个什么活动，这个手环是送给我的。我拿眼一看，手环上写着“Cisco Strong”（西斯科，加油）。当时时间紧张没来得及细问。后来，我翻看学校校报时，才得知事情原委。

该校一位名为西斯科·阿洛克（Cisco Arocho）的同学罹患动脉瘤而去世，学校组织了一场慈善义卖，所得资金送给阿洛克基金会（Arocho Fund）。

人生无常，福兮祸兮。在国内，我也见证乃至参与组织过类似活动，这次在大洋彼岸，又遇到这么感人的一幕，真是唏嘘感叹。

#CiscoStrong

Leyden Mourns Fellow Classmate

Last week, Leyden classmate, Cisco Arocho (right), passed away after suffering an aneurism. Many Leyden students felt a duty to honor Cisco's memory. Students, Gabriella Grye and Millie Hyka designed a t-shirt (above). Leyden is also selling wristbands at the Turnabout Dance (Feb. 27). The annual Girl's Basketball World Cancer Night was replaced with Cisco Night. All proceeds from the t-shirts, wristbands, and game tickets will be going to the Arocho Family fund.

校报对慈善义卖的报道

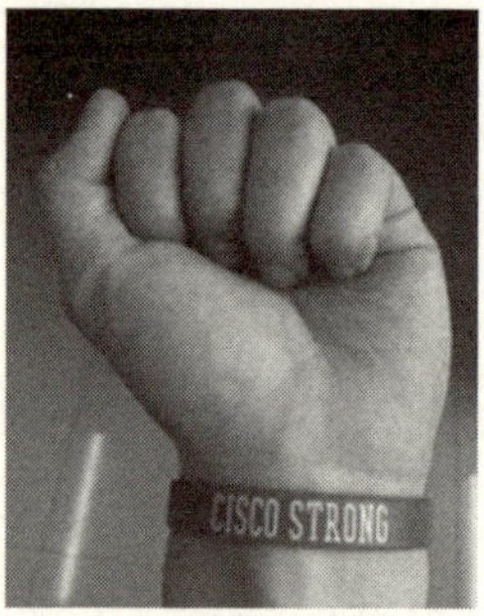

我也得到一个珍贵的手环，一直保存着

一群特殊的学生

在西莱顿高中我见到了一批特殊的学生，他们异于常人，让我印象深刻。他们是一群需要特殊关爱的学生（special students）和残疾学生（disabled students）。

Special student 字面意思是“特殊的学生”，也指有智力障碍的学生。在国内，这些学生单独组成一个学校。而在西莱顿高中，他们和正常学生一样就读。当然他们有自己单独的课程和老师。刚开始看到他们，我是始料未及的。在一个教室里，有的孩子默然不语，很长时间都一动不动。有的孩子则来回走动，一刻不停。还有一个小姑娘，大约十三四岁，直接在教室里打了地铺，后来得知她脑瘫无法站立，甚至无法在轮椅上久坐。此情此景，我内心的冲击可想而知。我一时竟然有些惶恐，不敢接近他们。但是老师的音乐一起，我看到几个孩子便随着音乐扭动起来，老师也随着学生轻轻跳起舞来，同时大声地激励学生，鼓励他们到教室中央跳。看到这些，我内心又充满了感动。这些孩子也许一生都难以回归社会，但是在他们还小的时候，来自老师悉心的呵护，我相信是能浸润他们的心灵的。看到这群孩子，原来的惶恐慢慢消失了。

随后，我随瓦格纳校长又来到另一个教室。这个教室里只有两个孩子，一个白人孩子，一个黑人孩子，他们好像在做手工。我凑近一看，他们竟然在做糕点。瓦格纳向他们介绍我，我还没来得及打招呼，那个白人孩子扭着嘴巴，晃着脑袋，看着我，说了声“Hello”，随即马上低下头。我能看出来他和人交往的欲望，同时也看出他内心的胆怯。我突然觉得这个男孩好可爱。或许如果没有和正常人交往的环境，这个孩子一辈子也不会主动和正常人说话的。别把这群孩子孤立起来教育，让他们多多地接触正常社会，也许对他们的恢复是有益处的。

学着自理、自立，让人感动

我不再恐惧，真心拥抱着两个孩子

紧接着，我在走廊里看到的一幕也让我难忘。一个坐在轮椅上的女孩在进行恢复训练，使用的器材是保龄球。她所要做的，就是把保龄球推出去，让它沿着安在轮椅旁的一条轨道滑下，碰触到球棒。旁边有两位高年级学生帮助。反反复复，不厌其烦。

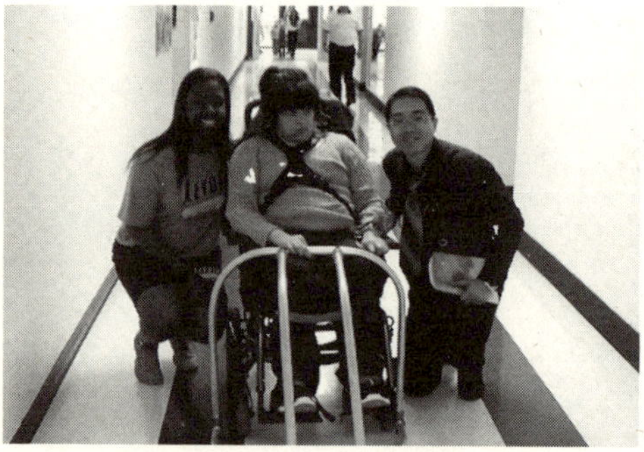

感谢志愿者的工作

后来,我在学校里遇到了布洛迪·罗伊鲍尔。这是一位让我终生难忘的男孩。我觉得他是个特别帅气阳光的孩子。但是,我见到他的第一感觉除了这些,还有震惊,因为他双腿全无。当时他坐在一个电动无扶手的移动器上,和周围的普通学生谈笑风生。我看到他的第一眼,心中好像被重击一拳。阳光俊朗的外貌和双腿全无的形象让我窒息。我马上转过头去,怕我异样的眼神会伤害到他。

后来,我和瓦格纳提到这个孩子。瓦格纳说:“这可是我们学校的体育明星啊!”

从瓦格纳那里,我得知这个男孩有着令人惊讶的成绩。他是2014年美国残疾人冰球队队员,并代表美国队征战残奥会。

很多残疾人残而不废,他们乐观向上的生活态度、搏击人生的生命精神是很多健全人所没有的。可敬的布洛迪·罗伊鲍尔,感谢你带给我的冲击和启迪。

阳光的布洛迪·罗伊鲍尔

乐观应对不幸

在国内，如果孩子亲人去世，老师们多半不会让其他同学知道，以此来保护这个孩子的内心。这个孩子也不会在大家面前提起此事，这个不幸也许是他一辈子不愿触碰的伤痛，只能让时间来抚平。在西莱顿高中我看到了另一种表达。

他们把自己的经历和体会分享出来，用乐观战胜悲痛，用大家的鼓励帮自己坚强。也许传统和民族心理不同，凡事不可邯郸学步，但我在西莱顿高中遇到的这种不同也不失为一种借鉴。

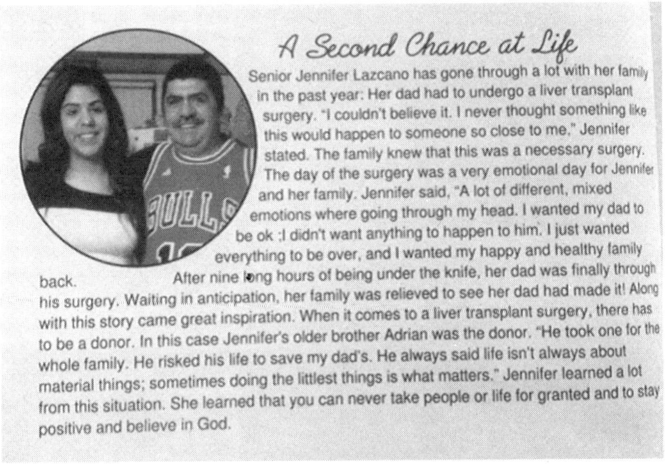

A Second Chance at Life

Senior Jennifer Lazcano has gone through a lot with her family in the past year: Her dad had to undergo a liver transplant surgery. "I couldn't believe it. I never thought something like this would happen to someone so close to me," Jennifer stated. The family knew that this was a necessary surgery. The day of the surgery was a very emotional day for Jennifer and her family. Jennifer said, "A lot of different, mixed emotions where going through my head. I wanted my dad to be ok ;I didn't want anything to happen to him. I just wanted everything to be over, and I wanted my happy and healthy family back.

After nine long hours of being under the knife, her dad was finally through his surgery. Waiting in anticipation, her family was relieved to see her dad had made it! Along with this story came great inspiration. When it comes to a liver transplant surgery, there has to be a donor. In this case Jennifer's older brother Adrian was the donor. "He took one for the whole family. He risked his life to save my dad's. He always said life isn't always about material things; sometimes doing the littlest things is what matters." Jennifer learned a lot from this situation. She learned that you can never take people or life for granted and to stay positive and believe in God.

我读到的孩子们勇敢战胜不幸的文章

学生管理篇

政教处主任的职责

政教处主任是管理全校学生的大总管。他的任务主要是处理比较严重的学生违规情况,比如处理学生停学、开除等。因为美国是法治社会,很多时候,政教处主任要跟当地警方合作,管理一些问题学生或者监外执行的学生(学生犯法,但罪不至坐牢,法庭判监外执行,学生也跟平常一样到学校上课,但全程在学校的监控之下)。如果学生严重违反课堂纪律,老师填一张表,政教处主任自然会找学生或者联系家长。假如在课堂上学生造反,导致无法上课,老师通常会叫个学校保安,把学生带到政教处主任办公室,其他的事情,就由政教处主任和顾问去办了。

所以,班级日常管理由任课老师负责,严重违纪由政教处主任负责,违法犯罪则由保安和驻校警察负责。

学生广播站、电视台及校报

学生成立广播站和办校报,采访、编辑、报道全是学生一手操办,内容活泼清新接地气,模样高端大气上档次。让我高兴的是,我校的广播站和记者团也由学生负责,而且做得有模有样。

WEST LEYDEN
THE LANCER
Dancing Their Way on Stage
Leyden Orchesis "Hits the Lights" This Weekend
More Construction?

西莱顿高中的校报水平很高

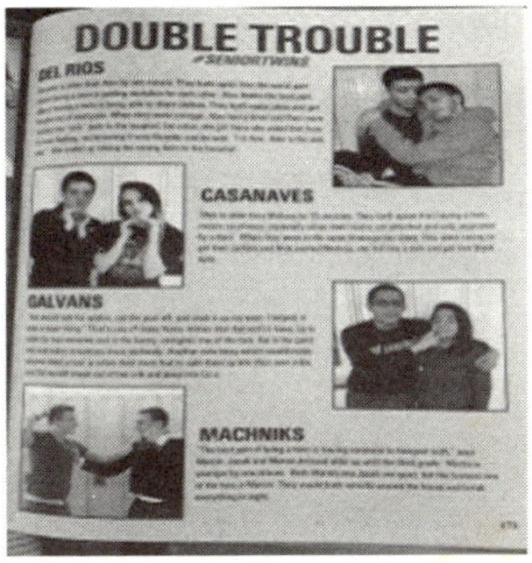
DOUBLE TROUBLE
DEL RIOS
CASANAVES
GALVANS
MACHNIKS

双胞胎分享他们独特的生活

学生会用他们个性化的表达，关注他们真实的内心。我看到校园里一幅图片，标题是 double trouble，这是一个双关语。既可以理解为“双重麻烦”，而看了内容后我才知道，学生借助 double 这个词，又表达了另一重含义。学生想要表达的是“双胞胎带来的麻烦”，更可以理解为“双胞胎带来的双重麻烦”。你说妙不妙。有双胞胎互相依恋得不行的，还有打得不可开交的，真是有意思。只有学生才能这么准确、具有创意地表达自己的事儿。

如何发布通知

在国内学校，大小通知都是通过班主任下达的。条件好一些的可以通过广播下达通知，这减轻了班主任的工作。遇到活动组织或者重要通知，班主任肯定会被叫去开大会。那美国学校如何处理通知呢？

部分通知通过广播，活动组织通过学生会，如果遇到恶劣天气，当地电台和电视会循环播放停课通知。

美国老师敢没收手机

在国内高中，很多老师会把学生成绩迅速下滑归结为如下原因：手机、恋爱和贪玩，手机排在第一位。90 后是电子产品的原住民，他们对于手机的依赖程度是我们无法想象和理解的。所以，老师们对于手机都提出了严格的管理方案。那么，在电子信息技术早已经成熟的美国，高中生使用手机是如何被管理的呢？是不是不会那么严格？

当我从当地老师那里得到答案时，我彻底惊呆了。当地老师告诉我，手机一律不准带到学校！在国内，我们的要求是不准上课使用手机，感觉已经非常严厉了。没想到啊……

我接着抛出一个问题："如果带来了怎么办？"

当地老师回答到："如果被老师发现，是要没收并且叫家长的。即使老师没有发现，有学生反映某同学带手机了，我们也可以进行检查的。"

我马上来了精神，问："如何检查？"

我这里要说一说自己的经历。有时候没收孩子的手机，就像要砍断他们的胳膊一样。他们不但不愿意，有时还会和你"讲道理"。

当地老师告诉我："老师们可以让该学生打开橱柜和书包，我们检查。"

我更是惊讶。在一个强调人权的国家里，老师怎么能有这么大权力？学生不会拿着人权说事儿吗？在国内，很多孩子会说，美国如何如何自由，来替自己的行为开脱，或争取自己的权益。老师的一些强制行为被学生冠以粗暴、不尊重人权、隐私的帽子。而在美国，结果竟然是这样。

当我提出我的疑惑时，当地老师笑了，说："没有那么严重，那就是我们的权利。"

我接着问："如果没有发现手机，怎么收场？"我问这个问题也是有根据的，国内很多孩子会和老师没完的。

结果这个问题倒是让当地老师有点惊讶，说："我们在检查之前肯定会告知家长的。这个学区很好，家长一般都很通情达理。即使没有发现手机，家长和孩子也知道不是故意刁难，也不会没完没了。"

美国学校在很多方面都很自由，自然有其原因，我们历史不同，切不可平行比较。而在有些方面，美国学校管得确实比我们还要严格。

学生指导篇

顾问的职责

每一个学生,从一入学,就会被分配一个顾问(Counselor)。通常是一个顾问负责管理一个年级的学生。顾问的工作是指导学生选修课程,帮学生把选好的课输入到电脑。另外,也负责联络家长(比如学生逃学、功课不及格之类)。

另外,顾问还担任心理辅导的任务。

一些大型的学校,顾问的分工比较细。比如有学业顾问、健康顾问(青少年不好对其他人启齿的问题,可以找健康顾问谈)、大学顾问(负责指导学生如何申请大学、奖学金)和职业顾问(负责指导学生如何找工作,并联系社会上面的公司到学校开招聘大会)等,每一个顾问有不同的服务范围,学生可以得到全面的服务。

学生的"个性课表"

令我惊讶的是,每个学生拥有自己与众不同的课表。

刚才我们提到了,在美国的每一所学校一般都有顾问对美国高中学生的学业或职业作规划指导,并专门设有一个指导咨询办公室,以保证学生选课适当,符合自身的发展与需要。所以,在开学之初,每个学生都会和自己的顾问进行详细交流,根据自己的能力、兴趣和发展方向,确定自己的课表,确定下一学期的选课是否适当。

除选课指导外,顾问的指导还包括学习技巧、目标确定以及未来角色定位等。有的学校还设有一个指导办公室和社会服务办公室，前者为学生提供各种有关学习方面的指导，后者是学区的社会服务工作者的工作室，为学生的生活和健康及学校的公益事业服务。

每年的三四月是美国学生选下学年课程的季节，顾问在老师的配合下将选课卡、学校课程目录以及参考材料发到学生手中，学校课程目录大多有两三百门、十几大类课程，学生根据必修学分要求、兴趣所在、课程难度选择课程，然后填写选课卡，自己签字，交父母签字，交给顾问，完成选课。

高中选课至关重要，选哪门课、选什么难度的课，决定了学生能进什么层次的大学和未来就读专业的方向。

我和学生指导中心负责人杰克逊进行了深入交流，他对于学生选课提出了这么两个建议。

首先，要明确毕业学分要求，知道毕业要修多少学分，必修要修多少学分，选修要修多少学分，一学年要修多少学分，达到这些要求才能顺利毕业。

其次，一定要跟自己的顾问深入谈一次，因为顾问最了解本校课程设置和大学入读要求，要将自己的现有情况、未来大学打算告诉他，让他根据经验提一些学习建议。

课表的设定

每一所学校里的课程表都是由学校教务管理人员和各学科领域的领导以及相关教师共同制定的。

选课的登记记录输入到电脑，其原始登记表交给学科负责老师，经由他们汇总信息后决定本学科领域具体开设的课程。这样的工作在每学期末都要进行一次，以保证九至十二年级学生下一学期的学习能够顺利进行。当各个学科领域的负责老师都确定了下一学期开出的课程及相关的任课教师后，将课程表交学校的教务管理人员，最后制成全校的总课表。

家长手册

学校的指导部门和管理部门在开学之初会发给学生和家长一本指导手册,以帮助那些学生来年选课,并制定出一个 4 年计划,合理有序地安排 4 年的高中学习生活。家长会单独拿到一个册子,学校希望借助家长的力量,做好孩子的教育。

家庭教育篇

这次美国之行,我非常幸运地住在两个寄宿家庭里。乔·鲁法洛是西莱顿高中的物理老师,同时担任总监,负责学生社团活动,他有意大利血统。布拉德·亨宁,也是西莱顿高中的物理老师,同时担任学校田径队的教练,他的妻子具有波兰血统。

两个寄宿家庭的孩子年龄段也有差异。乔·鲁法洛有三个孩子。大女儿叫凯丽,两个儿子分别是亚历克斯和艾瑞克。他们都在上高中,分别是十二年级、十年级和九年级,相当于国内的高三、高一和初三。布拉德有一男一女。儿子叫亨利,女儿叫埃维莉娜。亨利刚刚上小学一年级,而埃维莉娜在上幼儿园。

两个家庭都有外籍血统,我感到非常幸运,因为我可以感受不同血统对于教育所带来的不同影响。

两个家庭的孩子年龄呈梯队排列,我又可以看出不同年龄段孩子的教育现状和他们的想法。

细心观察深入交流后,我发现虽然两个家庭各有差异,他们在孩子教育方面却秉承着很多相似的观念和做法。我的观察以及和他们的交谈更印证了这些相似之处。两个有差异的家庭所体现出来的教育共同点,让我的观察避免了武断和片面。所以他们共同秉承的教育理念是具有一定代表性的。

就让我按照孩子的年龄顺序跟大家分享我和两个家庭的故事。

我和布拉德·亨宁一家的故事

第一次见面

我在到达美国的第一天中午见到布拉德。当时我正在物理实验室听课。

瓦格纳校长引一人过来，介绍这就是我的寄宿家庭的主人布拉德。

他穿着土黄颜色的衬衫，这种颜色在国内少见，因为这让人很显老气。布拉德带着金丝眼镜，头发灰白，一上来就把我的手紧紧握住，非常的热情。看第一眼，我觉得布拉德要大我好多。

我对布拉德的第一印象是热情，这在后几天的相处中越发体会深刻。

第二印象就是显老，后来当我们深聊他的成长历程时，我才慢慢知道原因。

放学时间的不适应

学校三点放学。但是在放学之后，我希望能和该校的政教处主任进行进一步交流。布拉德把我引进政教处主任的办公室，问主任我们会交流多长时间。当时政教处主任有点犹豫，我顺势接过话来，说："这取决于我有多少问题。"我们都大笑起来。结果是，我对于学生管理有太多的问题要问，我们整整交流了一个小时。当我赶到物理实验室时，我看到布拉德在空无一人的实验室等我，心里有些过意不去。布拉德却开导我说："没有关系，只要你过得充实就好。"看得出，布拉德确实没有埋怨，但动作明显利索了很多。他飞快地把我的行李放进后车厢，很快地发动了车，我们踏上了回家之路。

之前在国内总是五点多才放学，所以并不感觉四点回家有多晚。但是后来慢慢才体会到，美国的老师一般放学后的时间就是自己的。除了学校的管理者要留校继续工作外，其他老师一般放学就驾车回家。所以等我一个小时无法回家，对布拉德来说，着实不易。

布拉德具有很强的家庭观念

布拉德有着很强的家庭观念，他更愿意把时间花在和家人一起。无独有偶，和另外一个家庭接触的过程，也深深印证了这一点，大部分美国人的家庭观念很强。即使工作再忙，他们也会抽出时间和家人待在一起，参加家庭聚会，参加孩子学校的活动。这两个家庭的四个家长和孩子保持着良好关系，这就是原因之一。这种观念也对孩子产生了终生的影响。

我当天的打算

在回家的路上，布拉德介绍了自己的家人，我才知道他的大儿子亨利才不过上一年级，女儿埃维莉娜才上幼儿园，其实他比我大不了几岁。我当时就有点疑惑，布拉德怎么那么显老呢？第二天我们闲聊，才解开了我的疑惑。

途中，他非常热情，详细询问了我当天的安排，并告诉我，他会帮我实现我当天的所有计划。我切实感受到了美国人的坦诚和热情。

我告诉他我打算买一个数码摄像机，买一双运动鞋，再买点日用品。他重复了我的计划，得到我的确认后，他说今天晚饭后就可以带我去超市。布拉德对每件事情都有自己的计划，要做什么，大约多长时间，都计划在内。他做事的计划性和时间观念都挺强的。

我见到了亨利和埃维莉娜

他的汽车驶过一栋栋洋楼，在一个插着美国国旗的别墅前缓缓停了下来。布拉德告诉我，这就是他家。我有点诧异，布拉德年纪轻轻，怎么能负担得起这么大一个别墅。

前几天芝加哥大雪封城，别墅旁也堆满了半人高积雪，布拉德说旁边正在玩雪的就是他的孩子。我侧目一看，果然一男一女两个孩子正在玩得不亦乐乎。下车后，布拉德招呼两个孩子，说我们的客人到家了。两个孩子一下子凑了上来，男孩金色头发，戴着一副小眼镜，眼神中充满了好奇和期待，那就是亨利了。女孩金发到肩，眼睛大大的，看见我竟然说了声“你好”，然后就跑开了。两个孩子太可爱了，我第一眼就喜欢上了他们。

天真好奇的亨利

亨利见到我兴奋得眼睛有点发亮，第一个问题就是“我们现在可以做游戏了么?”看得出，他对于一个黑头发黑眼睛的东方人是充满了好奇的，非常迫切地想和我进行进一步的接触。布拉德非常慈爱地摇摇头说:“等等，欧文要先去房间。”(欧文是我的英文名)我很快把行李拖到房间，洗手后来到亨利身边。他拿出各种玩具和我分享。看得出，孩子急着和我玩，也是布拉德着急回家的原因之一。

我有了“江湖名头”

和孩子们玩得高兴了，孩子们也越来越喜欢我这个来自遥远东方的叔叔了。一次布拉德向我转述亨利的话:“他挺好，耐心地和我学新游戏，我管他叫好欧文吧。” 就这样，我有了一个新的名头了，那就是“好欧文”。

埃维莉娜脸部严重受伤

我和亨利玩了一会，就回房收拾行李。不一会，亨利来我房间，眼睛还是大大的，非常平静地告诉我一个让我震惊无比的事儿。“欧文，埃维莉娜脸被划破了。”

我赶紧下楼，果然听到了撕心裂肺的哭声。其实，布拉德已经把埃维莉娜抱进了洗手间，在默默地安慰。我第一眼看到埃维莉娜，冷气顿时从脚底冲到头顶。埃维莉娜的伤势可远远不像亨利说得那么轻描淡写。埃维莉娜左眼下面深深的一个贯通伤，似乎横跨整个左脸。整个左脸满是鲜血。当我得知埃维莉娜在玩雪时跌倒，被冰碴子划破左脸时，我心疼得都快哭出来。我能体会到那是多么的疼。我的女儿比埃维莉娜小一岁，我能真切体会到布拉德夫妇会是多么心痛。我更担心埃维莉娜脸上会留下疤痕。

布拉德如何安慰埃维莉娜

布拉德抱着女儿，极尽慈爱，却非常坚强。如果是我，我可能会说“闺女，别哭了”或者“闺女，没事儿”之类的话。但是布拉德却把埃维莉娜抱到镜子前面，对着镜子比划自己的眼睛。他告诉埃维莉娜，自己小的时候曾经因为打篮球，眉骨开裂，缝了好几针；还有一次，因为打橄榄球，把鼻子撞破了，流了好多血。他告诉埃维莉娜，自己知道有多痛，但是自己当时很勇敢，后来也就痊愈了。次日，在去学校的路上，我提到了这件事儿，布拉德很心痛，当时的他鼓励女儿坚强，其实内心很伤心的。我们聊了挺多，我也懂了挺多。

布拉德给埃维莉娜清洗伤口，用创可贴进行了包扎。埃维莉娜也慢慢恢复了平静，看得出，虽然极痛，但她确实受到了父亲的鼓舞，显得非常克制。这种来自父亲榜样的力量，也许会陪伴埃维莉娜很长时间，这一点，从其他的家庭也得到了印证。

整个过程，母亲都没有出面安慰，她当时静静地坐在沙发上陪亨利。等埃维莉娜平静下来，她才感情复杂地捧起埃维莉娜的小脸，说：“你真坚强。”

埃维莉娜、亨利和狗狗

可爱的埃维莉娜和我分享玩具

布拉德的坦诚与尊重

当一切都恢复平静后，我和布拉德说："今晚上我们哪儿也不去了。"布拉德却说："她现在好了，我陪你去超市。"我再三坚持，但布拉德执意按原计划进行。布拉德驾车带我去超市，他告诉我，有两家超市。一家离这里5分钟车程，但超市较小。另一家15分钟车程，但选择会多。他问我去哪一家。我毫不犹豫地说去前一家，并打趣地说："看得多，花钱多！"布拉德也笑了。我当然知道布拉德其实想让我去近的一家，他也完全可以不告诉我远的那一家超市。但是他却那么坦诚和尊重，让我非常感动。其实在美国的这些天里，我深刻感受到了美国民众的坦诚和尊重，不独布拉德有之。回顾这段经历，我庆幸我接触到这些有修养的美国人。同时又有一些遗憾，希望以后在保证安全的前提下，尽可能多地接触各种各样的美国人。只有这样才能全面地观察美国社会，不至于一叶障目。

布拉德的严肃

亨利和我玩熟了，对我的钱包产生了好奇，于是碰了一下我的钱包，这正好让布拉德看到了。布拉德非常严肃地告诫亨利："别碰别人钱包！"亨利没敢反驳，马上转身离开。同样的严肃又发生在晚餐餐桌上，亨利跪坐在座位上，布拉德马上指出，让他坐好。布拉德平时对孩子百依百顺，真想不到严肃的时候也挺吓人。也许正是平时尊重孩子，严肃的时候孩子才会认真听从。这对我很有启发。年轻父母往往疼爱孩子，以至于拿捏不好分寸，很多成了溺爱。

我经历的文化冲击

次日有中国传统节目的表演，我和中国学生表演太极。因为从国内没有带运动鞋，布拉德鞋码过大，所以不得不当晚买一双。我们驾车赶往超市。布拉德问了我的要求，给我推荐了一款。我试穿了一下，感觉鞋底有点硬。布拉德问："这双合适么？"当时我是想再看看其他品牌，但又怕耽误时间，毕竟埃维莉娜受伤在家，于是满口答应"好"。布拉德追问了一句"你确定么？"我没有马上回答，转身看了其他品牌一眼，正好看到一个价位合适、颜色合适的鞋子，我马上试穿，也很舒服。于是我就要了那一双。

后来在和更多美国人接触过程中，我发现，他们会很真实地表达自己的看法。很多美国人会经常问道"你确定么？"如果你答应，那么他们真的会按照你的意思去做。

有一次，在学校里，我要去另一个教室听课。有一位老师要领我过去，我担心会影响他第二节课，于是说自己应该可以找过去。那位老师追问"你确定么？"我习惯思维回答了"可以"。结果那位老师就上课去了，而我悲催地迷路了。

我很欣赏美国人的这种直接，省去了很多的客套和麻烦。很多美国人来了中国，觉得中国人太复杂。中国人到了美国，又觉得美国人心眼少。

比较典型的一个例子发生在获得辽宁省政府"友谊奖"的美国外教专家凤凰山身上。凤凰山第一次去拜望女友的父母，买了很多礼品，结果女友父母却笑着摆手说"不能要"。凤凰山彻底崩溃了。于是趁人不注意，把礼品偷偷拿走了，还痛苦了一天。这位落户辽宁省朝阳市，被称为"朝阳姑爷"的美国人，用了好长时间才体会到中国“礼仪”的“博大精深”。他概括起来，就是美国人想啥说啥，中国人想啥，说相反的。

节俭而可口的早餐

次日，我们起得挺早，因为布拉德住在郊区，离学校有一小时的车程。前一天晚上，布拉德很认真地问我，早餐想吃什么，并且说他可以给我做面条。我听后打趣地说：“除了面条，啥都行，我在国内天天吃。”布拉德也笑了，追问“你确定么？”我回答“确定”。我的哲学是 When in Rome, do as the Romans do(入乡随俗)。

我起床一看，早餐已经准备好了。

有点出乎我的意料。没有牛奶，没有咖啡。只有面包、蔬菜和一杯清水。不过布拉德太太起早用烤炉烤了十个相当可口的面包。看得出布拉德一家确实是非常的节俭。

相信这种节俭会深深影响亨利和埃维莉娜。

布拉德的奋斗史

在去学校的路上，我们自然谈到了布拉德的经济负担。我纳闷地问：“你和你的妻子都是高中老师，收入中等，怎么能负担得起这么大的房子？”布拉德于是非常坦诚地和我聊起了他的奋斗史。

布拉德说自己的母亲几乎身无分文。我突然想起我看到过布拉德的结婚照，确实没有父亲出现，至于原因，我没有再问。上大学的时候，他选择了社区大学，这样学费低廉。两年后通过自己的努力考入伊利诺伊州立大学，并且获得硕士学位。

他的妻子是波兰后裔，家庭同样不富裕。他们两个都是通过自己的努力，获得了硕士学位，得到了高中教席。

他说自己和妻子在高中时都非常努力，因为他俩都是自己家族里最年长的孩子，他们要通过自己的努力改变家族的命运。这里我要和大家分享一下美国的“高考”。之前我认为，美国高考可以考多次，分数不理想就再考，分数理想了再申请大学，应该是非常轻松的。但是布拉德说其实不是这样的。他们高中时压力也非常大。因为他们必须要考出好成绩来，没有退路。我问，那就算高中四年考不好，在家自学一年再考是不是也可以，毕竟复读在中国并不少见。布拉德的回答让我有点吃惊。他说不管考得怎么样，一般高中四年后都会有个归宿，在家自学会让人看不起的。

他坦言自己非常努力，也非常节俭。他的手机才 60 美元，他们都是在季末清仓时大批购买生活品。他告诉我，他们其实有能力用更好的手机，买更贵的物品。但是这样的话，他们会用更长的时间才能提升自己的社会地位。但是如果他们节俭，就能很快提高自己的社会地位。到那个时候，他们才能更好地消费。

我打趣地问："那你实现了所谓的美国梦了吧？"布拉德笑了笑，用力地说了声"是"！

对埃维莉娜的教育

在车上，我提到了埃维莉娜的伤势。布拉德感叹一声："多么坚强的一个女孩啊！"他坦言当时自己确实非常心疼。当时父母应该做的，就是马上放下手头所有的东西去关注她。孩子受伤了，她的想法是想让所有人关注她的伤情。所以父母要让她感觉到她才是世界的中心，让孩子感受来自父母的关怀。正是对孩子心理的细腻把握，加上恰当的引导，才帮助埃维莉娜度过了这么艰难的时刻。我想，正是在家长和孩子一次次的交往过程中，他们建立了互信和深深的感情。

对孩子作品的重视

我刚进布拉德家时，就看到了壁橱上贴满了童真的画儿。布拉德告诉我，这是出自爱女埃维莉娜之手。在我家里，也挂着很多画儿。但都是我女儿各个年龄段的照片。我很少有时间陪女儿一起手工剪纸，没有作品，自然无法悬挂。

在随后的几天里，我更深刻地感觉到布拉德夫妇对孩子的鼓励和重视。当亨利和我做游戏并且获胜时，我对亨利说："你太棒了！"布拉德后来告诉我，他们也是经常鼓励孩子，我也能这样做，他们很开心。

鼓励孩子，让孩子感受到重视，这是布拉德的育子之道。而且布拉德从孩子很小就这么做，一以贯之。相信亨利和埃维莉娜会在父母的鼓励和重视下茁壮成长。

壁橱上那些童真的画儿

人生信条浸润到生活中

当我仔细观察布拉德的家庭布局时，下面这些图片引起了我的关注。

第一幅图的文字是：

I pledge a day to be kind in every way.

Kind hands,

Kind words,

Kind deeds.

翻译为汉语为：

我保证这一天和善，用各种方式，

乐于助人，

不说脏话，

多做好事。

下面是签名，还按了两个手模印。

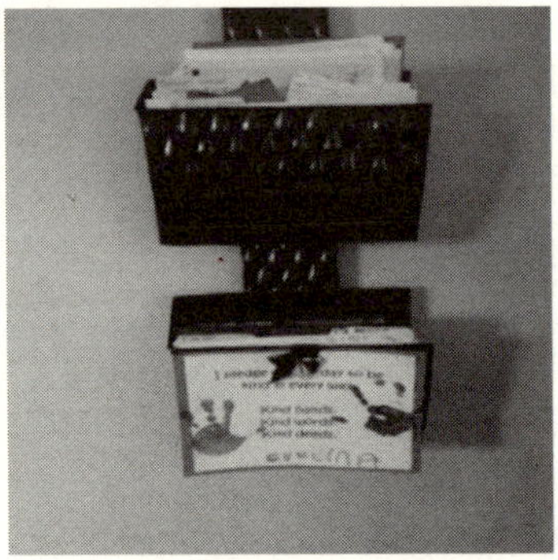

人生信条上印上两个孩子的手模

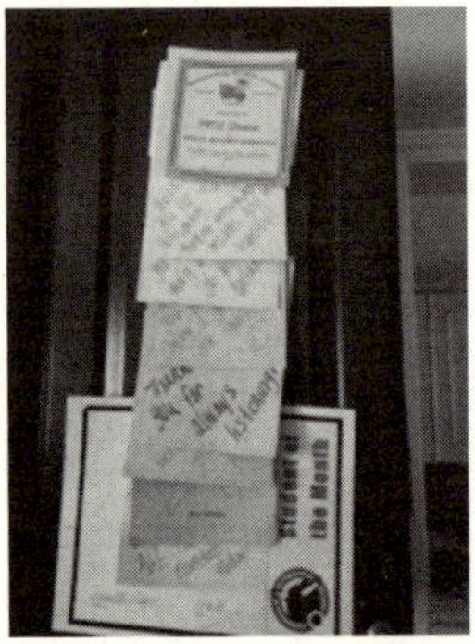

人生信条浸润到生活中

布拉德夫妇把积极、善良的人生信条，浸润到了生活的方方面面。

无独有偶，我还发现了其他的人生信条，翻译成汉语是：

感谢你参与思考问题；

感谢你态度尊重；

感谢你率先垂范。

感谢你的认真倾听。

其实，中华历史悠久，有很多的家规值得我们传承，有一些僵化的，结合现实加以变更，也大有裨益。但遗憾的是，现在很多家庭已经完全舍弃了老祖宗的精华。

陪孩子做游戏

布拉德告诉我，每天他都会抽出时间和孩子们做游戏。这几天因为我来了，所以孩子们就不愿和父母玩了，都希望和我做游戏。亨利做游戏时很投入，还有点小激动，孩子的童真让我难忘。其实，陪孩子做游戏是每个家长的必修课。我想到我女儿喜欢看的动画片《大耳朵图图》主题曲中有这么一句："爸爸妈妈别偷懒，快点陪我做游戏。"亲子游戏是联系感情的纽带，而且千万不要以为亲子游戏只适合于学龄前孩子，它完全可以延续到孩子成人，甚至更长。只要家长有足够的智慧，在不同阶段赋予亲子游戏不同的内容，孩子就会喜欢的。我一个学生在浙大上大一了，还和父亲玩亲子游戏。内容是随便翻开大学六级的词汇书，看谁答对得多，结果这个浙大的高材生第一回合就落败了，回去乖乖地背诵单词去了。

每个家长有自己擅长的地方，完全可以把游戏进行下去。这也是我美国之行后的一点思考。布拉德很善于用自己的故事启发孩子，他告诉我他从自己母亲的经历里学到了很多。美国之行让我也深深感受到很多美国家庭希望孩子从父母的经历里学习成长，并且卓有成效。国内的家长愿望是一样的，但效果如何呢？曾经有一个调查，请一个班级的初中生说出自己崇拜的人。影视体育明星居多，却没有一位同学说自己崇拜父母。这不能不引起我们的反思。

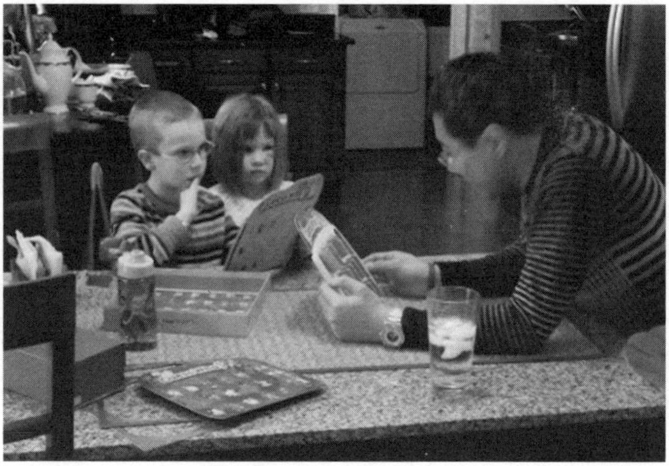

我和亨利、埃维莉娜做游戏

我和布拉德的惊讶

布拉德乐于和我分享教育之道，也急切听取我的经验。有一个话题让我们俩人互相惊讶不已。

女儿三岁了，马上就要送到幼儿园了。但是因为从小和我们一床睡，所以有几次想让她睡自己小床的尝试都以失败而告终。

第一次，我和爱人把小床上摆满了女儿爱吃的糖果。女儿高兴地跑进小床又蹦又跳。我和爱人开心了，觉得这下有戏了。没想到女儿甜滋滋地吃完糖果后，看到我们把她的小被子拿到小床上，先是惊讶，等明白过来我们的意图后，那哭得是一个"昏天黑地"呀。第一次尝试失败了。

第二次，我们把小床靠在大床旁边，提前把被子拿过去，告诉女儿这样也能靠着爸妈睡觉。没想到女儿根本不理这一套，小手小脚死死扣住我们根本不放。我想很多中国的年轻父母都有过这样失败的经历。

这事儿，我还真想向布拉德取取经。因为亨利和埃维莉娜都是一人一个房间的。

没想到布拉德听了我的问题后，惊诧不已！说怎么可能出现这种情况！他的惊诧让我更加惊诧！难道你没遇到过类似问题？

布拉德惊讶地问："孩子三岁了，怎么还和父母睡一张床？"

我反问："难道你们不是吗？"

布拉德说："不是！"

我问："那孩子多大分的床？"

布拉德的回答让我下巴都掉下来了："打出生开始！"

我晕，敢情从孩子出生的那天起，孩子就不和父母睡一张床呀！

布拉德又补充道，"当然，有时候也例外。比如埃维莉娜受伤了，我们肯定要把她抱到我们床上。"

我又问："亨利呢？"

布拉德答："如果这时亨利也想过来，那就让他过来。但如果不是这种情况，我们就会揭穿他的说辞，让他乖乖回房睡觉。"

布拉德后来说，可能也有的美国家庭做法不同，但他觉得从小就要培养孩子的独立能力。这也是一个习惯问题，不能评判优劣。如果国内父母也照葫芦画瓢，没准爷爷、奶奶、姥姥、姥爷还要敲他们脑袋呢！

布拉德的教子之道

在和布拉德一家相处的几天里，我感受了布拉德夫妇在教育孩子方面的魅力。在第二天返家途中，我和布拉德请教了他的教子之道。布拉德坦诚地和我谈了他的做法。

他说，首先是要尊重；其次是陪伴；还有重要的一点，就是榜样的力量。据我观察，布拉德的家庭教育不刻意、不强求，却能看出他处处用心，把自己的教育理念浸润到生活中的角角落落。

布拉德的教育目标

我接着问道："你想把孩子培养成什么样的人。"布拉德思考了一下，说每一个家长都希望孩子成功，能够比自己更好。但是他希望孩子能够"成为一个好人"，长大了能够自食其力，对社会、对他人有贡献，而不是沦为……当说到这里时，布拉德的英语突然卡壳了。这时，我突然想起一个词，于是我接着说"a sucker"(吮吸者)！布拉德大笑，说自己刚才在想一个更温和好听的词儿，但是实在没想起来，感谢我给他想起了这个词儿。

这一点也给我很多思考。希望孩子比自己好，所以自己能处处用心培养孩子。而希望孩子独立又奉献，没有太多功利和急迫，能让他们保持教育过程中平和的心态。

通过短短几天的接触，我亲身经历了布拉德夫妇的家庭教育之道，给我很多启迪。祝愿聪明可爱的亨利和坚强乐观的埃维莉娜越来越好！

我和乔·鲁法洛一家的故事

乔的家是我的第二个寄宿家庭。他家三个孩子都是高中生，和我的学生一般大。在和乔以及他的妻子凯姆的交流过程中，我重点关注他们如何应对三个青春期的孩子。

我与乔一家(左起分别是艾瑞克、凯姆、乔、凯丽、亚历克斯)

乔的家境

乔获得博士学位，身兼数职。他既是西莱顿高中的物理老师，也是该校学生社团的指导老师。他每次发邮件，在邮件下方都会有他的职务。

Dr. Joseph F. Ruffolo

Student Activities Director

Physics Instructor

Leyden High Schools

同时他还担任一个非常重要的社会职务——三个孩子就读高中的学区的教育董事会(Board of Education)成员。

要想知道这个职务有多重要，就要了解一下美国高中的管理体系。

我们知道学校的负责人是校长(国外当然没有书记啦)，校长向谁汇报工作呢？在国内是教育局局长。在美国按照学区划分，每个学区有一个总监负责该学区所有中学。那么总监又向谁汇报工作呢？向该学区的董事会。那么董事会的成员由谁构成呢？答案是学生家长。他们通过演讲，有能力、有资历的学生家长会获得更多选票，从而当选。

这么解释，你就可以知道乔除了普通老师的身份外，有多牛了吧。

这就形成了校长向总监汇报，而总监要向家长代表汇报的格局。这种建构听起来还是不错的。后面讲解美国教育体系时，还会重点提到。

乔的妻子凯姆是位兽医。在美国，医生的收入是相当可观的。也许因为职业关系，也许因为年长，乔的家境比布拉德更要殷实一些。

殷实的家底也是打拼来的

在我和乔一家相处的三天里，凯姆每天都要八点才到家，她的工作非常繁忙。乔的工作也轻松不到哪里去。我亲眼见他在学校忙到几乎没有休息时间，而他坦言自己的每一天都是如此。乔告诉我，他之所以这么打拼，就是想让他的孩子们生活得更好些。在后来的邮件来往中，我问到了乔的课时量，他的回答让我惊掉了下巴。他告诉我他一天五个课时，每个课时 30 分钟，一周就是 25 个课时。他真是太拼了。之前我觉得我一周十几节课时就有些疲劳倦怠，现在默然无语。

蛮拼的大姐凯丽

第一次见到凯丽，是在久等之后。我到了乔的家，见了亚利克斯和艾瑞克，也知道他们还有个姐姐叫凯丽，但她却没有露面。一问才知，凯丽现在功课非常紧张，正在楼上写作业呢。一直等吃饭时，凯丽才缓缓而来。

次日晚上，乔请我去一个非常上档次的意大利餐馆用餐。连平时忙得见不到影的乔的爱人凯姆都到了，凯丽也没去，因为她去上辅导班了。

大姐也有过烦恼

像凯丽这么勤奋好学的孩子，应该不用家长操心了。可是当我和凯姆聊起这个懂事的大姐时，她的回答着实让我意外。

凯姆介绍说，凯丽初三时，也遇到了成长的烦恼。那时的她一改平时好学的姿态，突然把精力放到了和同学交往上，导致成绩大幅下滑。

听罢，我也替凯丽着急。然后就问，那凯丽上重点高中还有戏吗？

没想到，听了我的疑问，凯姆反而丈二和尚摸不着头脑。

于是我把国内中考竞争的激烈、重点高中如何难进告诉了凯姆。听完她笑了。

这里需要和大家穿插一下美国的义务教育。

国内九年义务教育，初中结束后大家就要进行血拼，从而取得进入重点高中的船票。而美国的义务教育一直到高中结束，所以他们初中升高中反而压力不大。

这里还需要和大家穿插一些美国学区的现状。和国内一样，为了让孩子能获得优质教育，美国家长也是蛮拼的。优质学区的学区房价格比其他的要高出一倍，但是很多美国家长还是趋之若鹜。国内也一样。但是美国家长要稍微幸福一些。为什么呢？因为只要买到好的学区房，他们的孩子就能享受从小学到高中整个阶段的优质教育。

凯姆的化解之道

再回到凯丽身上。

我询问凯姆当时她是怎么和凯丽谈的。

她说自己没有批评她，而是用自己的亲身经历告诉她，这个年龄段出现这种问题很正常。同时设法让凯丽明白自己是为什么而学习，是为自己，而不是为了家长，自己要能够为自己的行为和选择而负责任。

当说到这一点时，我想到了太多的中国家长。他们也是望子成龙，以至于强迫过多。反而让孩子误以为一切都是为了家长，家长只在乎分数，不在乎自己的感受。更有甚者，反目成仇，杀父弑母，多少人间惨剧轮番上演！

其实也怪不得父母，谁让咱们只有一个孩子，谁让中国人口这么多，谁让咱们竞争这么激烈呢？

问题是，无论如何，让孩子知道他是为了自己而努力的，一切就都好了。

我询问，和凯丽谈了之后，效果如何。

凯姆撇撇嘴，看了凯丽一眼，说，没有预期的那么好。

凯丽接过话来，肯定要有一段时间来转变嘛。凯丽还是“执迷不悟”了一段时间，直到初中结束。

我想，有时候让孩子去“经历错误”，未尝不好。但国内的现状让家长真实感受到“错不起”“输不起”。

但凯丽接着说，当后来看到自己成绩一落千丈时，自己也就明白了。她也采取了一些补救措施，就是主动进入暑假学校补课，为即将到来的高中打下了很好的基础。

青春期烦恼，这个真的全世界都有。

凯丽为何而努力

刚才我们说到凯丽有了好的学区，进入高中没有多少压力。那我就问她，她去上夏校是怎么想的。

凯丽给了一个完美的回答，因为上大学不能靠学区。

这个回答太棒了，要想发展得好，即使升高中竞争不激烈，上大学也要凭自己真本事了。

国内只是把这种竞争提前了四年而已。

十三四岁的孩子难以像十八九岁的孩子那样真切体会到，自己要为自己而努力。所以很多时候，要靠父母的开导、督促甚至“逼迫”，但这个火候很难掌握，如果形不成家长和孩子的合力，“剃头挑子一头热”，很容易走火入魔。

学区的选择

这里需要和大家分享一下我的见闻。

一般来说，美国大部分的城市房价最贵的区域，不是市中心，而是城市郊区的某些区域。房价的贵贱是由区域决定的，有富人区、中产阶级区和贫民区等等。社区的好坏决定了社区里面的房价。通常好学区的房子，价格都不会低。在美国市中心通常住的都是一些贫民，生活在社会底层的民众。真正拥有较好经济实力的人，一般选择在郊区居住，那里有着更好的居住环境，更好的学校。所以房价的差别，主要来自居住的人群和居住的习惯。在这一点上，与国内还是有较大差别的。

美国现代城市的郊区化有挺长的历史了。二战以来，美国城市人口以空前的速度向郊区转移，上世纪70年代，郊区人口已经分别超过了中心城和乡村人口。美国不仅在人口方面成为一个郊区化的国家，而且其经济活动的重心也在日益向郊区转移。

乔拥有博士学位，涉猎甚广。他对于美国的城市化也有自己的理解。他告诉我城市化包含深刻的经济、技术、政策甚至种族原因。汽车、信息技术、电脑、电话的发展为人口和企业的分散进一步创造了条件，联邦政府住宅政策也在推波助澜。

美国的郊区化在很大程度上是联邦政策的产物。30 年代大危机爆发后，美国住宅市场受到猛烈的冲击，罗斯福执政以后，便大刀阔斧地改革联邦住宅政策。美国政府降低首付，延长贷款支付时间，促进了美国住宅建筑的繁荣。另外，其社区评估制度则将住宅建筑推向郊区。联邦住宅管理局在发放贷款时，将全国城市的社区分为 4 个等级，按照居民层次、社区新旧程度用 A、B、C、D 表示。这 4 类社区在城市地图上分别用绿、蓝、黄、红 4 种颜色标出，用以表示其偿还贷款的安全系数，被称为“住宅安全图”。联邦政府对中心城的衰败社区不愿进行保险，因而私人贷款机构为了确保投资安全，都不愿对中心城投资，而是把资本投向郊区。

黑人等少数民族的城市化刺激了白人的郊区化。

白人居民对黑人的大批涌入表现出极大的反感，因此采取了严重的种族隔离行为和措施，以阻止黑人向白人社区的侵入和黑人社区的扩张。但是，黑人社区仍然有不断蔓延之势。1948 年，最高法院宣布在住宅方面实行种族隔离为非法。这一判决加速了黑人的城市化和黑人社区的扩张，因而引起白人的强烈反对。白人学生家长认为自己的孩子与黑人儿童一起上学会沾染不良习气。因此，他们为了自己孩子的健康成长，纷纷迁移到其他社区或干脆迁往郊区定居，以使自己的孩子远离黑人，免受黑人儿童的影响。我的美国之行也有一些遗憾，布拉德和乔所居住的小区应该都是中高档小区，这是美国社会的一个侧影。如果有机会去衰败的小区看看，可能对美国的了解会更客观丰富。

直到现在，这种历史社会因素还在深深影响美国郊区，并形成了美国郊区的现代化格局。反而有些市区的公立学校面临生源下降、教学质量差的问题，有的濒临关闭。

很多家长为了选择好的学区，而在郊区买房。他们的工作单位和住所往往距离很远。乔每天都要开车一个小时才能到单位，但是他们觉得这种辛苦是值得的。

“问题少年”亚历克斯

在我眼中，亚历克斯头脑灵活，说话风趣，很讨人喜欢。但是当我和凯姆聊到亚历克斯的“叛逆期”时，凯姆连连摇头苦笑。原来，亚历克斯是个不折不扣的“问题少年”。

凯姆告诉我，亚历克斯曾经在学校违反了校规校纪。他参与了学生的打架斗殴，收到了类似“试读”的严肃处理。看到我惊讶地张大嘴巴，凯姆说：“这就是事实。”

我问：“那你怎么解决的呢？”

凯姆回答：“孩子做出这种事情，说明他有情绪需要宣泄，我们需要尽力地帮他。”

这句话犹在耳边。他们真诚地帮助孩子，真的是帮助！孩子犯错了，家长真的去思考孩子缺少什么，而不是不搭理甚至责罚孩子。他们相信孩子犯错不是故意的，只是有些事情没有处理好而已。这种信任和帮助，即使作为外人，作为成年人，也会感觉心中温暖。

亚历克斯有话说

我又和凯姆谈到另一个话题：如果孩子不想和父母说话，怎么办？

很有意思的是，还没等凯姆回答，作为主角的亚历克斯就抢答了“let it go”（别搭理他），我马上乐呵了。

“别理他”这句话从当事者嘴里说出来真是很逗。

有时候孩子的情绪是暂时性、突发性的，但他们面对父母的宣泄反而是暴风雨式的，这往往让家长紧张，并以为事情很大。

用一位孩子的话说“我哭完说完就没事儿”，有时“不想理父母也就那几天”。反而是父母放在心里好多天。

亚历克斯评说自己的叛逆

谈到自己的反叛，亚历克斯说：“都是老师的问题。”我问为什么。亚历克斯答：“不支持你！光看你的不足！”并且感叹，“如果每位老师都像欧文老师一样就好了。”我没有机会和欧文老师会面，但从亚历克斯的语气里明显感知到，欧文一定是一位特别理解学生、欣赏学生、受学生爱戴的老师。老师不支持自己，也许并不能为反叛解脱，但在亚历克斯眼中，自己不被他人支持和欣赏，是自己负面情绪的主要诱因。所以，老师和家长一定要摸准青春期孩子的心理，有时"曲线救国"也不失为上上策。当孩子犯错误时，家长和教师应该帮助他们正确地看待自己，同时表扬他们的优点，使他们体会到我们真诚的企盼，为他们创造表现机会，增加他们的信心。当孩子取得哪怕一点点进步时，我们也要给予朋友般真诚的赞许和鼓励。

真心希望每位家长和老师都能成为孩子心中的"欧文老师"。

凯姆的实话

凯姆在谈孩子时，即使谈到叛逆，也一直微笑。我就问凯姆："如果孩子真的表现不好，你们会发怒吗?"

凯姆马上说："会，我会喊。"然后顿了一下，幽默地说："但是喊了，他们也不听。"凯姆谈话真是实在。但是她告诉我，她对孩子的要求也是严格的，比如她要求孩子在家时房门必须打开，这一般家长就管不了。写到这，我又想起宋金迪和郭雅琦同学都提到过这个有趣的细节。

接下来，凯姆反过来问我："在中国，如果孩子表现不好，中国的家长和老师会采取什么措施?"我把自己如何转化待优生的做法说了之后，凯姆非常吃惊，说："中国老师真厉害，难怪中国学生都那么听话。"我听后哑然失笑，因为我没有告诉她我的无奈，那就是，即使做了很多工作，收效有时却不显著。毕竟教育是一门慢的艺术嘛。凯姆又问："那你们还打学生吗?"说着凯姆拿一把尺子比划着。我说："现在体罚学生的现象几乎没有了，做一个好教师要用自己的智慧。"凯姆知道我在国内担任班主任，而美国学校没有班主任这个职务，所以凯姆特别感兴趣，问班主任负责什么工作。我告诉她当孩子需要关怀时，班主任要如朋友般交心；当学生放纵自己时，又必须耳提面命；当孩子缺乏动力时，要抓住进步大加表扬。凯姆听后，惊叹至极，说班主任是超人！

孩子的私密空间

在国内，经常有家长苦恼，孩子一吃完饭就把自己锁在房间里，不让家人进入。家人当然也不知道孩子在里面干什么。这是个非常危险的事情。

凯姆告诉我，要谈判，孩子有自己空间是可以的，但大部分时间必须要和家人在一起，或者门要开着。因为从小打下的基础好，所以美国孩子会听。

乔的教育之道

在家的时候，凯姆谈家庭教育口若悬河，乔乐呵呵地准备晚餐。在乔开车去学校的路上，我借机向他了解了他的教育之道。他告诉我，要想和孩子一直保持良好的关系，首先就要多花时间陪孩子，在孩子需要你的时候，你肯定会出现，在孩子取得成绩，需要人来崇拜时，你是他的铁杆粉丝；当孩子遇到挫折，需要人来拥抱时，你是他的知心朋友；当孩子彷徨犹豫时，你又及时出现，和他一起树立目标。注意，乔说的不是指明目标，而是和孩子一起树立目标。而且父母的教育是一以贯之的，不像很多中国父母，一到高中，马上教育方法发生改变。或者初中从来不管，高中一下子管得很严。

乔说到的第二点也引人深思。他说，作为父母必须率先垂范，要求孩子做到的自己一定要做到，要不然就别要求。我之前的一个家长和儿子打起来了，原因就是观看美国职业篮球联赛总决赛比赛时，他允许孩子看一二节，三四节就让孩子去学习，自己在客厅看。中途进孩子卧室，发现孩子偷着用手机看，于是把孩子手机摔了，认为让孩子看一二节了已经够意思了，孩子太得寸进尺。当然，我也遇到有的家长在客厅看电视，孩子在卧室学习，两不耽误。家长肯定在孩子小的时候就让孩子找到了学习的乐趣，而且在孩子很小的时候肯定是率先垂范的，才会有高中的两不耽误。如果家长在孩子小的时候没有培养孩子良好的习惯，期望孩子在高中完全变得和心目中“好孩子”一样，那在心理上肯定会有很多失落。当然，也不是在高中就没有希望改正，只是要付出更大的努力。

第三点是很多家长要学习的：要用自己的经验和经历去影响孩子。乔说道，即使恋爱，甚至性，都要和孩子谈的。如果不谈，孩子就觉得这个方面不能和家长谈，孩子就无法从家长的经历中获得指导。很多美国孩子即使到了高中，仍然非常天真、真诚地问父母问题。

这也引出了第四点，就是坦诚。给我的感受就是美国父母和孩子关系非常融洽。孩子大了，有什么需求，会直接和父母提出来，不会藏着掖着。父母如果不同意，会耐心解释。

艾瑞克的直言不讳

艾瑞克在家里年龄最小，一直以“乖乖虎”的形象出现。但是有一次，他的话还真让我惊讶。一天晚上，乔带我们去他表弟开的意大利餐馆用餐。那是典型的意大利风格，餐馆也上档次。一切都很温情，直到账单来到。乔一看账单，直接把嘴一撅。凯姆看完，耸耸肩。艾瑞克接过去一看，直接说：“terrible!”看来这顿饭是太贵了。一会艾瑞克的表叔笑呵呵地过来了，问我们吃得怎样。还没等众人开口，一向乖巧的艾瑞克就放炮了：“terrible!”

这要在中国还了得，即使心有怨言，表面也要和颜悦色，何况那是长辈。

我想乔和凯姆得批评艾瑞克了吧，结果两人都没有。而那个表叔还是笑嘻嘻的，还饶有兴趣地领着我们参观餐馆二楼的新装修呢。

要在中国，还不得面子上过不去呀。

在和乔一家相处过程中，我明显感觉乔话不多，但是孩子很听他的。我问乔是怎么做到的。乔毫不谦虚，告诉我“To the point. No more”。我理解为“说到点子上，点到为止”。这一点我非常认同。点到为止确实是必要的交流技巧。

有时，一些话说破了反而失效了。人和人交流的艺术贵在留一点余地，让人自己体味。如果事事都说到面上，那么硬邦邦，反而不美了。我们称之为“留白”。而很多家长反其道行之，一遍遍地说，你不好好学习你对得起谁呀？好像孩子不爱学习就是十恶不赦的大混蛋。这种苦口婆心其实压根就不算交流。因为它不期待孩子畅所欲言，孩子只有检讨的份。

有时，也要给孩子留一点隐私。如果孩子对某个话题特别敏感，家长要巧妙地绕过去，千万别拿出“咬定青山不放松”的劲头，一定非把这件事抠出来。也许，某一天，孩子会感激你的这次绕过。也许，他们会主动找你聊那个话题。

赏识教育

在两个家庭，会经常听到“好主意”“太棒了”这些话。上小学的亨利经常受到家长的鼓励，而即使作为高中生的亚历克斯也会受到父母的鼓励。

和乔一家刚刚见面时，我分享了从中国带去的礼物。作为回报，亚历克斯主动提出，要给我赠诗一首。当然没有笔墨纸砚，亚历克斯直接在我的笔记本上写开了。写完我一看,根本看不懂。因为亚历克斯使用了花体。亚历克斯为他的"杰作"而兀自得意,家人们马上围过来,纷纷啧啧称赞。亚历克斯更是高兴。看到这番景象,我暗自发笑。想必家人对于亚历克斯的"雕虫小技"早已知晓,亚历克斯应该也不是第一次小露身手。难得就在于家人依然给予真诚的肯定。

这让我想到我的一位大学老师,他在美国做交流学者时,把女儿也带到美国学习,上小学三年级。他起初非常担心女儿是否能适应课堂学习。结果女儿每次回家都特别高兴。我的老师在惊喜之余,注意到一个细节,女儿每次回家都兴致勃勃地模仿她的老师,说"Good Job"(做得好)。每次模仿时,总是用最大的肺活量去说,似乎要把心肝都吐出来。

而现在我和国内的孩子交流时,绝大部分学生会说,家长老是看到自己的缺点,对于优点却置之不理。而我和家长交流时,家长说:"优点还用说吗,又不是小孩了,我们给他准确地指出缺点,希望他能不断进步,这有错吗?"

我想,孩子再大,哪怕是成人,内心也是渴望来自他人的肯定。缺点不是不可以说,但是要讲求艺术。

有的家长只提缺点,忽略优点。

有的家长天天提孩子的缺点。

有的家长看不到自己的缺点,却能看出孩子的缺点。

有的家长自己知道自己的缺点却不改,或改不了,反而指责孩子不上进。

有的家长一天能说出孩子十个缺点来。

有的家长想起来就说,说过去就忘,图嘴皮子痛快,没想过怎么帮孩子改正。

……

凡此种种,不一而足,种下的教育毒药,会慢慢发作。

大男孩的问题

在国内,如果一个高中男孩和父亲某一天独处,会出现什么情况?多半是各忙各的。如果父亲开车接这个孩子回家,男孩多半是塞上耳机。

我听过一个笑话:男孩上了高中后和母亲还说一些话,而和父亲则很少言语。男孩回家,如果父母都在,肯定先叫妈。如果不巧那天只有父亲在,男孩主动和父亲说话了,那句话是:“爸,我妈呢?”

这也许是我们传统中父亲的威严。

而美国孩子即使到了高中,仍然非常天真、真诚地问父母问题,而父母绝对会耐心解答问题。孩子很认真、坦诚地提出问题,真诚地希望得到家长的解答,父母若表现出丝毫的不乐意、不耐烦,孩子便会敏感地捕捉到,交流的大门就会就此关闭。

乔告诉我,如果孩子问的你不知道或者不确定,不要碍于面子,不能乱说一气或者闪烁其词,要真诚地说:“我不知道”,并且告诉孩子:“我们一起去了解好不好?”这丝毫不损害你在孩子心中的高大形象,反而让你的形象更接地气。

凯姆告诉我,别看孩子们长得人高马大,很多时候还是会问很多幼稚的问题。家长要接受这种事实,因为这个年龄段的孩子就是处于成熟的边缘,不耐烦的情绪会对孩子伤害很大。

亚历克斯即使比亨利大 10 岁,但是问起问题来,那种天真真诚的感觉完全是一样的。那次我们在意大利餐馆用餐回家的路上,亚历克斯躺在车后座上,问乔:“爸,你觉得芝加哥民主吗?”看出来,亚历克斯已经开始深度思考了。

乔的回答也很有学问。他不是马上就直抒己见,而是问亚历克斯:“你是指哪个方面? 什么事情触发了你的思考?”

这种尊重的意识渗透到了任何一次谈话。

拒绝的艺术

孩子们有什么要求,会直接和家长交流。特别是当孩子大了,需求多了,甚至涉及恋爱、用车、用钱,会直接和父母提出来。父母如果不同意,会耐心解释。

乔和凯姆的风格就不一样。

乔从来不对孩子们说不。凯丽问乔是否能开车。乔当时正在忙,他没停下手头的东西,而是眼睛往上一翻。凯丽撇了撇嘴。我打趣道:“不回答是啥意思?”凯丽马上哈哈大笑,说:“你懂得!”

凯姆则直接说出可以或不可以。艾瑞克问是否能多带点钱。凯姆先是问明原因,然后笑着摇头,说不可以。她充分展示出母性的温暖来,并且进行了耐心的解释。

父母教育的一贯性

我遇到过很多父母，苦恼地和我交流，说孩子上高中了，自己想多管管孩子，有的甚至辞职，全方位地照顾管理孩子的生活学习。但是一两个月的介入后，发现孩子极其逆反。父母辛苦的付出，孩子怎么不领情呢？

其实乔一家的教育就能明确回答这个问题。

乔从孩子小时候就注重陪伴孩子。孩子每一个成长的节点，都有家长的身影。他们赏识、尊重、帮助孩子，和孩子开诚布公，即使拒绝也讲明道理。他们以身作则，能让孩子借鉴自己，经历成长。

如果父母的教育不是一以贯之的，没有良好的亲子关系，没有一定的交流技巧，而是一到高中，马上教育方法发生改变，从严从细，或者初中从来不管，高中一下子管得很严，孩子真会受不了的。

所以，很多美国孩子眼中的偶像不是体育明星、影视明星，而是自己的父母。这一点，我们国内做家长的真的要好好思考一下。

乔一家的教育方式并不能代表所有美国家庭，但却能带给我们很多的启迪。希望在乔和凯姆的呵护下，凯丽能考上心仪的大学，亚历克斯能顺利度过叛逆期，艾瑞克能尽快熟悉高中生活。

附 录

文化交流桥梁　中美友谊使者

人民网华盛顿2月19日电 （记者　张朋辉） 2月18日，在新春佳节到来之际，50多位来自山东省实验中学、扬州一中等学校的“中美青年大使”与华盛顿哥伦比亚特区伍德罗·威尔逊高中的汉语学生现场交流、联欢庆祝，共同欢庆中国新年，分享在美国交流体验汉语学习的感受。

活动由美国安生文教交流基金会主办，得到中美两国教育部门的支持，这已经是第六届了。今年，将有130名来自各省的中国学生走进美国高中课堂与寄宿家庭，学习、体验生活。交流共分两个阶段，首先是同美国学生共同学习生活，其次是到华盛顿等地参观，了解美国经济社会状况。谈起来美国交流的收获，学生们兴奋不已，感到加深了对美国课堂的了解，同时也加深了对中国文化的体会。山东省实验中学郭雅琦同学对本报记者说：“美国同学思维很活跃，大多能在课堂上积极讨论。但这需要自制力，也需要老师引导，否则，可能会浪费很多时间。”同时她认为，中国老师要求严格，家长必要的管束对青年成长很有利，两国教育可以取长补短。

扬州中学的张启宇同学说：“我读的是高中国际班，以前总感觉自己有‘国际范’。可是这几天，看到国内朋友欢欢喜喜过年，想起饺子、思念父母，才觉得乡愁油然而生。”

在学习和交流期间，青年大使通过文艺表演、中国文化课、演讲、图片展等方式展示中国的文化、民俗、历史及其发展现状。张启宇向本报记者介绍说，他对中国的介绍没有局限于太极、京剧这些标志性的文化符号，而是向美国同学介绍了当代学生的日常生活，流行、时尚、数码等，美国同学很感兴趣，对中国的认识更具体了，也消除了对我们的一些概念化的误解、甚至偏见。通过交流，两国青年学生成为了很好的朋友。

山东省实验中学带队教师任兴华对本报记者说，看到学生们细心观察，学习借鉴美国同学的学习方式，对自己的学习有思考，同时积极介绍中国传统与文化，感到很高兴。

在现场，同学们表演武术、民族舞蹈、流行歌曲，观众笑声、掌声不断。最后一个环节是教美国学生包饺子，他们一边兴奋，一边得意洋洋地表示："在汉语课堂早就学过了！"

伍德罗·威尔逊高中建于 1930 年，是华盛顿哥伦比亚特区的名校。近年来学校选修汉语的学生越来越多。汉语教师詹妮弗·杨告诉本报记者，现在选修汉语的学生很多，这个学期她的课堂就有 70 多人，汉语教师远远不够。

包艾梅初学汉语，她对本报记者说："身边学习汉语的朋友越来越多，我也加入进来，中国文化博大精深，希望能很快进步。"方多明对本报记者表示学习汉语已有 4 年，希望能够在大学申请国际关系专业。中国不断发展，相信学习汉语能对学业有所帮助。

安生基金会执行副主席张梧华教授在接受本报记者采访时说，这个中美学生交流项目之所以称作"中美青年大使"是因为每一位青年都是中国文化的使者。我们以此为抓手，力图用最朴素的方法，让青年学子在美国学校与家庭亲身体验美国文化，同时，向美国民众与学生讲述自己的故事、身边的故事、社区与城市的故事。这最朴素、最平常，但是也最具体、最真实，实际上是向美国朋友讲述中国故事。没有修饰、加工，大家很有兴趣，效果很好。

国之交在于民相亲。习近平主席曾将看望青年学生比作访问的"点睛之笔"。今天的青年就是明天的领袖，青年互相交流、加强了解，中美未来的友好交流就有了基础。相信这些"青年大使"能够成为文化交流桥梁、中美友谊使者。

（责编：刘融、耿聪）

文化交流桥梁　中美友谊使者(1)

文化交流桥梁　中美友谊使者(2)

文化交流桥梁　中美友谊使者(3)

文化交流桥梁　中美友谊使者(4)

后 记

朱小棣

参与编写完这本山东省实验中学高中师生2015年访美手记，使我对安生文教交流基金会主办的“中美青年大使”项目有了更加充分的认识和自信。数年来，我们坚持顶着各种困难，通过团队努力，不断地把一批又一批中国孩子领到美国，每年让一百多人实地感受两国教育文化的不同和差异，是因为我们心中相信，这样的短期交流，会对孩子们的成长起到长期作用，更是因为我们相信，这样的教育文化交往，会对中国国内的教育改革，起到促进启迪的积极作用。师生们集体走出国门看一看，会比个体单个落入西方文化的汪洋大海里游泳，更有效地在这样短时段的接触中，吸纳各种观察体验到的知识与感受。

但是说实在话，我自己心中也时常抱有疑问。每次在安生基金会总部的办公室里，接待一批批来自国内的师生，虽然总是亲切有加，却并不知道他们各自心里对这次的短期到访持有什么样的想法。他们真的学到了他们应该有的所得吗？各自的体会和我们举办项目的初衷吻合吗？看着一张张的笑脸，我只能闭着眼睛相信我们的想法是对的，但还从来没有机会证实过。这次透过山东省实验中学高中师生的访美手记，使我真切地看到了“中美青年大使”项目的积极成果，可以说是心中倍感欣慰。

宽慰的同时，亦深感内心中有许多经验体会值得与这批师生以及国内广大的学生、教师、家长们交流沟通，帮助他们有效而完整地认知中美两国目前在高中教育阶段的异同，以及背后的思想文化和历史经验差异。细心阅读师生们手记的过程，给我提供了一个抒发自己旅美多年生活积累的机会，将它们自然融入表达于这本手记之中。于是便有了今天这样一个读本，呈送在读者们面前。希望大家看了之后，更加确信“中美青年大使”项目的意义所在，更加开朗地支持中美青年之间的短期交流。

赶在本书文稿编辑杀青之前，恰又传来今年新一轮“中美青年大使”项目的喜讯。美国北卡罗来纳州艾瑞山市的市长在接见“中美青年大使”时宣布，从此将本日定为该市的“文化多元日”。由此足见“中美青年大使”项目在推动民间外交上的作用与成就。难怪早在2012年，当时身为中国国家副主席的习近平就在美国副总统拜登的陪同下亲切接见了正在洛杉矶市访问的“中美青年大使”们。可见两国国家领导人也是充分认识和鼓励此种民间外交的。我们作为经办人员，亦为此感到荣耀和任重道远，将会一如既往地努力把这项活动办好，坚持下去，为中美关系和世界和平作出贡献。

最后，还想要“赘言”几句的是，在编写这本游学手记的过程中，我和任老师都深切感受到，教育的确不只是学校、校长和教师的分内事，也是每位家长责无旁贷的无尽职责。我们衷心希望众多的家长们，能够通过阅读此书，走进孩子们的世界和心灵深处，真切了解他们的内心想法和感悟。哪怕没有机会送子女出国去游学，也能从本书中得到启发，重新思考和调整自己的位置，成为他们无时不在的支撑、依靠、朋友、贴心人和人生初始阶段的引路人。也希望能够看到更为融洽和谐、温馨互动的亲子关系，为国内教育改革提供巨大的正能量，使得望子成龙、望女成凤的动力，落实到教育立人的出发点上，放飞青少年的理想，助他们展翅翱翔，收获人生。